간단 명료한 불교

스티브 하겐 지음
이복희 옮김

우리출판사

간단 명료한

불교

나의 모든 스승들에게 감사 드린다.
이 책은 지난 몇 년 동안 가르쳤던 수업의 결과물이다.
나의 모든 학생들에게 감사한다.
그들이 없었다면 이 책은 나오지 못했을 것이다.
그리고 이 책이 나올 수 있도록 문학적으로 도움을 준
나의 오랜 친구 스콧 에델스타인에게 특히 감사드린다.

감사하는 마음으로
존재하는 모두에게 이 책을 바친다.

우리 모두 오고 가는 이 세상은
시작도 끝도 본시 없는 법!
묻는들 어느 누가 대답할 수 있으리오.
어디에서 왔으며 어디로 가는가를!

– 오마르 카이얌의 시 『루바이야트』에서
〈김 병옥 역〉

새로운 천년이 시작되면서, 우리들 대부분은 세상에 관한 오래된 이야기들에 믿음을 잃고 말았다. 과학의 발달과 더불어 사람들은 우주를 정신적·물질적인 면에 있어 무의미하게 보기에 이른 듯하다.

우리는 두 가지 불행한 양 극단 중 한쪽을 선택함으로써, 이러한 믿음의 상실에 대처할 수밖에 없는 듯 보인다. 즉 우리 자신이 처한 어려움을 외면한 채 마약, 알콜, 일 또는 수없이 많은 종교 중 하나로 도망쳐버리거나, 아니면 우리 인간이야말로 무의미한 세상을 살아가는 지적 존재라는 슬픈 현실을 마주하는 일이다.

많은 사람들은 대부분 돈과 안락, 존경, 사랑, 신뢰, 학력, 권력, 지식, 그밖의 다른 무엇 등을 넉넉히 갖기만 한다면 만족을 얻을 것으로 여긴다.

그러나 더러는 위에서 나열한 것들을 굳이 얻으려 하지 않는 이들도 있다. 그들은 진정한 만족을 얻는 일이 불가능하다는 것을 알고 있다. 원하는 모든 것을 얻는다 하더라도, 결국은 죽음이 우리에게서 이 모든 것을 빼앗아갈 것임을 알기 때문이다.

피할 수 없는 죽음이라는 운명은 위협적으로 우리에게 던져져 있고, 우리는 혼돈 속을 헤매고 있는듯이 보인다. 이러한 상황에서 어떻게 평안을 찾을 수 있을 것인가? 우리는 무지에 갇혀 있을 뿐 아니라, 그렇게 살아가도록 운명지어진 듯 보인다.

기원전 4세기경 중국의 철학자 양주(楊朱 / Yang Chu)는 다음과 같이 말했다.

우리는 세상을 사는 동안 좁은 홈 속에 빠져서, 보고 듣는 하찮은 것들에 마음을 빼앗기고, 스스로의 편견에 지배되며, 무엇을 놓치는지도 알지 못한 채 삶의 기쁨을 지나친다. 우리는 단 한순간도 자유라는 진한 술 맛을 제대로 즐겨보지 못한채, 마치 사슬에 묶여 지하 감방의 차가운 바닥에 놓인 것처럼 완전히 갇혀 있다.

확실한 치료방법이 없어 보이는 인간의 근본적 문제란 무엇인가? 도대체 우리라는 존재는 무엇인가? 어떻게 우리의 존재 자체를 이해할 수 있을까? 그리고 상대적이거나 조건에 따르는 변화에 의존하지 않는 인식, 즉 전체에 대한 인식이 수많은 고통과 근심을 일으키는 의문과 딜레마로부터 우리를 자유롭게 해주지 않을까?

우리는 자신의 삶이 혼란과 불만에서 벗어나, 피하기 어려운 불확실성과 두려움에 매이지 않기를 바란다. 하지만 우리는 종종 우리를 속박하는 것이 바로 자신의 혼란스러운 마음 상태임을 알아차리지 못한다.

이러한 무지나 비관적 사고, 혼란에서 벗어나 총체적 실재(實在)를 분석하기 보다는 오히려 경험하는 길이 있다. 그것은 어떤 개념이나 믿음에 기초하지 않는 경험이며, 직관 그 자체다. 그것은 생각이 싹트기 전에, 관념에 빠져들기 전에 그저 보는 것

(seeing)이다. 이를 깨달음(enlightenment)이라고 부른다. 그것은 우리가 그러하길 바라거나 그렇다고 믿는 것이 아니라, 있는 그대로를 보는 것 그 이상도 이하도 아니다.

이러한 마음의 자유 즉 전체로서 실재의 직접적 인식은 스스로의 실제적 경험에 기꺼이 임하려는 모두에게 그 문은 완전히 열려있다.

2500여 년 전 인도에서 고타마(Gautama)라는 사람이 바로 이러한 자유를 경험하였다. 그는 그 후 다른 사람들에게 이와 같은 마음의 자유를 경험하는 법을 가르치는 데 남은 생을 바쳤다. 그는 실제 있는 그대로를 알지 못하게 하는 부자유한 무지로부터 깨달음을 얻은 후, 붓다(Buddha, 깨어 있는 자)라고 불리게 되었다.

사람들이 붓다에게 그의 가르침을 한마디로 요약해 달라고 하자, 그는 깨어 있음(awareness)이라고 하였다.

이 책은 깨어 있음에 관한 것이다. 특별한 어떤 것을 깨닫는 것이 아니라, 깨어 있음 그 자체로서 방심하지 않음, 실제로 일어나고 있는 것과의 만남을 의미한다.

이 책은 삶의 가장 근본적인 문제들을 고찰하고 찾아가고자 한다. 또한 지금 이 순간의 직접 경험에 근거함으로써, 믿음·

주의 · 교리 · 전통에 관한 것이 아니라 마음의 자유에 관한 것
이다.

붓다는 경험의 본질을 직관할 수 있었다. 그의 삶과 가르침의
결과로 새로운 종교가 생겨나고 세계로 퍼져나갔다. 그 과정에
서 불교는 다른 모든 종교들과 마찬가지로 다양한 믿음과 의례,
교리, 의식 등이 생겨났다. 불교가 여러 나라로 전파됨에 따라
매우 다양한 문화적 장식이 더해졌다. 예를 들면 특별한 의상과
모자, 불상, 향, 종, 징, 호각, 나아가 특이한 건축 양식, 상징물
등이 생겨났다. 이 책에서는 이러한 것에는 특별한 의미를 두지
않는다.

의례, 의식, 기도, 특별한 용품 등은 불가피하다. 그러나 이것
들이 붓다 가르침의 핵심을 나타내지 못하며 또한 그럴 수 있는
것도 아니다. 사실, 이러한 것들은 깨달음으로 가는 길에 장애
가 될 뿐이다. 이들은 붓다 말씀의 명료한 지혜를 가리고, 우리
를 혼란스럽게 만든다.

이것은 심각한 문제며, 서구에서 자란 우리에게는 더욱 그러
하다. 원래 불교모습은 어디까지이며, 거기 더해진 아시아문화
는 어디서 부터인지 알기란 쉽지 않다. 또한 붓다의 본래적이고
정통적 가르침을, 붓다 이후 통찰력이 부족한 사람들에 의해 왜

곡되어진 불교와 구별해 내는 일도 쉽지 않다.

그 결과 북미와 유럽인들은 불교를, 붓다를 숭배하거나 절을 하는 것, 불교 의상을 입거나 최면상태에 들게하거나, 선문답의 답을 찾는 것, 혹은 전생과 내세에 관해 믿는 것으로 생각한다.

그러나 불교는 본래 이러한 종교적인 교리나 의식과는 관계가 없다. 붓다의 관찰과 통찰은 분명하고 실천적이며 매우 현실적인 것이다. 시간적으로, 공간적으로 동떨어진 이론이나 믿음에 관한 것이 아니라, 오로지 바로 지금 그리고 여기 만을 다룰 뿐이다.

이 가르침은 이 순간(당신이 이 책을 읽고 있는 바로 이 순간까지도)에 초점이 맞춰져 있기 때문에, 가르침을 진지하게 탐구하는 모든 사람들과 모든 문화권에 의미깊은 가치를 지닌다.

이 책이 다루고자 하는 것은 바로 이런 혼란스러움에서 벗어난 본래의 통찰과 예리한 성찰이다.

책은 세 부분으로 나누어진다. 1부에서는 붓다 스스로 존재의 네 가지 진리(四聖諦)라 불렀던 그의 근원적 가르침에 초점을 맞추고 있다. 2부에서는 이 진리 중 네 번째 부분에 대해 더 깊이 접근하였다. 여기서 붓다는, 삶의 구체적이고 효과적인 삶의 길을 제시하였는데, 바로 그것을 통해 우리는 세계를 이해하고 대처해 나갈 수 있게 된다. 그리고 3부에서는, 이 길의 앞의 두 가지 측면을 좀 더 면밀히 고찰하였다. 이 두 가지 측면은 붓다 가르침의 토대를 이룬 것으로, 인간의 의도(intent)와 깨어 있음의 문제를 다루고 있다.

이 책은, 처음으로 불교를 접하는 사람들에게 2500여 년 전에 살았던, 그러나 오늘날까지도 그 가르침이 생생하고 의미 있는 것으로 남아 있는 깨달은 이의 지혜와 가르침을 분명하고 바르게 볼 수 있게 해줄 것이다.

또한 불교에 이미 익숙한 사람들에게는 2500여년에 걸쳐 쌓여온 문화적 장식이나 장애에서 자유로워진 불교의 참모습을 드러내 보여준다.

존재의 본질에 대해 깊이 들여다보고자 하는 모든 사람들에게, 이 책은 깨어 있음으로 이르는 길이 될 것이다.

차례

현재로의 여행

　　우리에게 붓다로 알려진 그는, 기원전 6세기경 인도 북부(현재 네팔) 지역에서 살았다. 고타마라는 이름의 그는, 작은 나라를 다스리던 왕의 외아들이었다. 어린 시절, 고타마는 궁전 안에서 지극한 보호를 받으며 성장하였다. 왕은 아들이 최상의 것들만 누릴 수 있도록 하였다. 가장 좋은 옷을 입고 최고의 교육을 받으며 수많은 하인의 시중을 받게 해 주었다.

　고타마의 삶은 과도한 보호 아래 있었기 때문에, 청년기에 하인에게서 죽음에 관한 이야기를 듣기 전까지 그는 병이나 죽음, 인간의 고통에 관해 아무것도 알지 못하였다. 처음으로 인간은 필연적으로 병들고, 늙고, 죽음에 이르게 된다는 현실에 직면하게 된다. 그는 이에 대해 부정하거나 잊어버릴 수 없었고, 이 사실은 그를 점점 더 괴롭히기 시작하였다. 만약 인간의 삶이 그렇게 덧없고 불확실하며 고통으로 가득 차 있다면, 인생의 의미는 과연 무엇인가를 스스로에게 물었다.

이 질문은 그를 끝없이 따라다니게 되었고, 마침내 호화로운 생활이 가져다주는 덧없는 즐거움이 무의미하여졌다. 그는 집을 떠나기로 하고 왕위도 포기하기로 결심했다. 본질적으로 슬픔과 상실뿐인 삶을 재물과 권력이라는 허상이 덮고 있을 뿐이라는 것을 알았기 때문이다. 그리하여 존재의 근간을 이루는, 보편적 절망에서 벗어날 수 있는 길을 찾는 데 생을 바치기로 결심하였다.

6년 동안 갠지스 강 주변을 유행(遊行)하면서, 그 시대의 위대한 종교적 스승들의 다양한 가르침을 따르며 공부하였다. 그는 어떤 가르침이든 빨리 배우는 훌륭한 제자였지만, 이들 가르침 가운데 그 어느 것도 자신의 의문을 풀어주지 못한다는 것을 알았다. 그의 가슴을 가득 채우는 깊은 번민이 여전함을 알게 되었다. 그리하여 스승들을 떠나 자신만의 길을 가게 된다.

드디어, 고타마는 나무 아래 앉아서 깨달음을 경험하게 된다. 마침내 그는 인간의 문제가 무엇인지, 그것의 근원과 그로서 파생되는 문제들, 그리고 그에 대한 해법까지 철저히 이해하였다.

그때부터 그는 붓다로 알려지게 되었다. 붓다란 깨어 있는 사람을 의미한다. 그는 이후 40여년간 남자와 여자, 귀족과 농민, 배운 자와 못 배운 자, 도덕적인 자와 그렇지 못한 자를 구분짓지 않고 깨어남으로 가는 길을 가르쳤다.

인간의 고통과 절망으로부터 벗어나게 하는 그의 가르침은 언제나 보편적 가치를 지니며, 그것은 오늘날까지도 삶의 문제를 깊이 탐구하고 하는 누구에게나 열려 있다.

붓다가 깨달음을 이룬 지 얼마 지나지 않아, 한 남자가 붓다에게 다가왔다. 그는 붓다에 관해 들은 바는 없었으나, 가까이 있는 그에게서 범상치 않은 그 무엇을 볼수있었기에,

그는 붓다에게 물었다.

"당신은 신인가요?"

붓다가 대답했다.

"아니오."

"그렇다면 마술사인가요? 주술사인가요? 요술쟁이인가요?"

"아니오."

"그럼 당신은 천상의 존재인가요?"

붓다가 다시 말했다.

"아니오."

"그렇다면 당신은 누구입니까?"

붓다가 대답했다.
"나는 깨어 있는 사람입니다."

붓다는 스스로를 결코 인간과 다른 무엇으로 여기지 않았으며, 단지 온전히 깨어 있는 사람이라고 생각했을 뿐이다. 그는 신이라거나, 신으로부터 영감을 받았다거나, 어떠한 신비하고 초자연적인 힘을 지녔다고 하지 않았다. 자신의 통찰과 실상의 깨달음은 단지 인간의 능력과 노력에 기인한 것이라고 말했다.

우리는 고타마를 붓다라고 부른다. 그러나 다른 많은 붓다들, 다른 많은 깨어 있는 자들이 존재하며 또 존재해 왔다. 그리고 과거 · 현재 · 미래를 통틀어 모든 붓다는 단지 한 인간일 뿐, 신이 아니다.

붓다는, 당신이 기도드릴 대상도, 그로부터 무엇을 얻어낼 수 있는 대상도 아니다. 당신이 엎드려 절할 대상도 아니다. 붓다는 단순히 깨어 있는 사람일 뿐, 그 이상도 그 이하도 아니다.

불교는 신앙적 체계가 아니다. 그것은 어떤 교리를 두거나 일련의 행동지침이나 지켜야 하는 원칙 등이 없다. 사실은 그와 정반대다. 불교는 명료하고 주의 깊게 이 세상을 주시하는 것이며, 모든 사물과 모든 사고를 살펴보는 것이다. 따라서 불교는 바로 보는 것이라 할 수 있다. 믿거나 바라거나 원하는 것이 아니라 실상을 아는 것에 관한 것이다. 또한 우리 자신의 개인적인 문제를 포함하여, 어느 것이든 주의 깊게 탐구하는 것을 두려워하지 않는 것이다. 특히 무엇보다 우리는 붓다의 가르침 자체도 시험하여야 한다.

붓다는 항상 스스로를 시험하는 모든 곳에 사람들을 불렀다. 그는 "너희들이 나를 스승으로 여긴다 하여 나를 믿지 마라"라고 말했다. "다른 사람들이 나를 믿는다고 따라서 믿어서도 안 된다. 그리고 책에서 읽었다고 무엇이든 믿어서도 안 된다. 전언이나 전통, 소문, 또는 종교적 지도자의 권위나 경전이라고 믿어서도 안 된다. 단순한 논리, 추론, 공론을 믿지 마라"라고 하였다.

붓다는 자신의 권위를 버리고 다른 사람의 견해를 따른다면 결코 진리에 이르지 못한다는 사실을 누누이 강조하였다. 그러한 길은 단지 누군가의 하나의 견해에 이를 뿐이다.

붓다는 사람들로 하여금, 어떤 것이 해가 되고 옳지 못한 것임을 그들 스스로 알게 하였다. 즉, 그들 자신이 알게되는 그 때에, 옳지 못한 것은 버리고 옳은 것은 받아들이고 따르도록 하였다.

붓다의 메시지는 언제나 우리 스스로 시험하고 바로 보는 것이다. 스스로 무엇이 진리인지를 볼 수 있다면(이것이야말로 우리가 진실로 알 수 있는 유일한 방법이다), 그때 그것을 받아들여라. 그러나 그렇게 되기 전까지는 판단이나 비판을 미뤄야 한다.

불교의 핵심은 바로 보는 것이다. 그것이 전부다.

우리는 어떤 가정이나 믿음을 가지고는 불교에 접근하거나 진리를 올바르게 구할 수 없다. 우리가 바라거나, 기원하거나, 또는 기대하는 대로 사물을 보려 하기보다는 있는 그대로 대상 그 자체를 보아야 한다. 그러므로 진정한 불교는 사실로부터 출발한다. 그것은 직접 경험으로부터 시작한다.

참된 불교는 실로 어떤 주의(主義)가 아니다. 그것은 수행 · 자각 · 열림 · 탐구의 정신이지, 어떤 믿음 체계, 심지어는(우리가 보통 이해하듯이) 종교가 아니다 . '깨어있는 자의 가르침' 혹은 붓다의 가르침(佛法 buddha-dharma)이라고 하는 것이 보다 정확할 것이다. 이 책의 초점은 깨어있는 자의 가르침에 있으며 어떠한 종파적인 제시가 아니기 때문에, 이후부터는 '불교'라는 말보다는 오히려 '붓다의 가르침(佛法)' 이란 용어를 주로 사용할 것이다.

붓다의 가르침은 문자화하는 것에 큰 의미를 두지 않는다. 불교 관련 글들은(이 책을 포함하여) 뗏목에 비유할 수 있다. 뗏목은 이쪽 강가에서 저쪽 강가로 건너기 위해서는 꼭 필요한 도구다. 그러나 건너편 강가에 일단 다다르고 나면, 더 이상 뗏목은 필요하지 않다. 실제로, 우리가 강 너머로 여행을 계속하고자 한다면, 뗏목은 남겨 두고 떠나야 한다.

문제는 우리가 뗏목에 집착하는 경향이 있다는 사실이다. '이건 아주 좋은 뗏목이야. 아주 요긴하게 썼어. 여행을 하는 동안 계속 가지고 다니고 싶어' 라고 생각한다. 그러나 우리가 붓다의 가르침에(혹은 그 어떤 가르침이든) 매달린다면, 그것은 결국 장애가 될 것이다. 붓다의 가르침에서 도움을 받을 수는 있지만, 그 안에서 진리를 찾을 수는 없다. 비록 붓다의 말씀 안에 진리가 놓여 있다 하더라도…. 붓다의 말씀이든 나의 말이든 또는 그밖의 누구의 어떤 말이든지 당신을 대신하여 진리를 보아 줄 수는 없다. 우리는 붓다가 예전에 보리수 아래 앉아 했던 것처럼 우리 스스로 보아야 한다.

또한 붓다의 말씀은 달을 가리키는 손가락과 같다. 그의 가르침은 진리를 향하는 것이지, 진리 그 자체일 수는 없다. 붓다들(깨어 있는 자들)은 단지 그 길을 가리키고 있을 뿐이다.

진리를 말로써 담아낼 수는 없다. 우리는 단지 우리 힘으로 그것을 볼 수 있고, 경험할 수 있을 뿐이다.

만약 당신이 고양이에게 달을 가리켜 보인다면 고양이는 아마도 하늘을 보지 않을 것이다. 고양이는 가까이 다가와 당신 손가락에 코를 갖다대고 냄새를 맡으려 할 것이다. 마찬가지로 우리는 어떤 특별한 가르침, 또는 스승·책·제도·문화·의례 등에 매료되기 쉽다. 그러나 붓다의 가르침은 달을 가리키는 손가락이 아니라, 우리를 진리 그 자체에 대한 경험으로 이끈다.

불교는 때때로 비역사적인 종교로 불린다. 즉 창조에 관해 이야기하지 않으며, 천국이나 내세로 향한다고 하지 않는다. 사실 붓다의 가르침은 시작과 끝에 관해 일체 언급하지 않는다. 실제로 붓다의 가르침은 중도(中道 middles)의 가르침으로 흔히 불리운다.

붓다의 가르침은 자신의 직접적 경험 안에서 얻어지는 것에서 시작된다. 그것은 어떤 믿음을 받아들이라고 강요하지 않으며, 어떤 가정이나 상상되어진 것을 설명하지 않는다. 사물이 존재하는 방식에 대한 특별한 해석을 받아들이라고 강요하지도 않는다. 진리는 어떠한 설명도 필요로 하지 않는다. 그것은 오직 보여지는 것만이 요구된다.

붓다는 인간의 삶이 화살을 맞은 것처럼 고통스럽고 절박하다고 말한다. 그러나 우리는 상처를 바로 치료하기보다는 화살을 쏜 활에 대해 상세히 알고자 한다. 활을 쏜 사람에 관해 궁금해한다. 우리는 직접 당면한 문제는 간과한 채 많은 것(하찮은 것)에 관해 궁금해한다. 우리는 세상의 시작과 끝에 관해 물으면서, 정작 지금 이 순간을 내버려둔다. 우리는 이 순간에 살고 있는데도 불구하고 바로 이 순간을 잊고 살아간다.

우리는 바로 지금으로 들어서는 법을 먼저 알아야 한다.

첫 번째 이야기
영원한 난제

1장 인간의 근본적 상황

당신이 성대한 연회에 모인 사람들을 보고 있다고 상상해 보자. 긴 식탁 위에 먹음직스러운 음식들이 가득하다. 모락모락 김이 피어오르고 지글지글 끓고 있는 맛깔난 음식들이 눈앞에 있다.

그러나 연회에 참석한 사람들은 먹지 않는다. 그들의 접시는 비어 있다. 빵부스러기 하나 손대지 않았다. 자리한 지 오래였지만, 서서히 그들은 아사상태에 빠져들고 있다.

그들은 이 멋진 연회에 참여할 수 없었던 것이 아니다. 먹는 일이 금해져 있거나, 또는 몸이 불편해 집기 힘들거나 위험해서도 아니다. 그들은 자신에게 음식이 필요하다는 것을 깨닫지 못하기 때문에 굶고 있는 것이다. 그들은 자신의 위장이 굶주림으로 인해 고통받고 있다는 점을 인식하지 못하고 있다. 자신에게 필요한 일이, 필요한 전부는, 바로 앞에 펼쳐져 있는 파티를, 음식을 즐기는 것이라는 사실을 알지 못한다.

이것이 바로 우리 인간의 근본적 상황이다.

우리 대부분은 자신의 삶이 무언가 잘못되어 있다고 느낀다. 그러나 우리의 문제가 실제로 무엇인지, 또는 그것을 해결하기 위해 무엇을 해야 하는지 전혀 알지 못한다. 음식이 우리 앞에 놓여 있다는 사실은 막연히 알 수 있을지 모르지만, 그것을 우리 몸의 고통과 연결시키지 못한다. 심지어 그 고통이 점점 심해지고 있는데도 말이다.

우리들은 무언가를 갈구한다. 우리는 아픔과 상실을 느끼며 고통스럽다. 이러한 괴로움을 덜기 위해 우리가 필요로 하는 전부가, 바로 여기 앞에 놓여있다. 하지만 우리는 이를 알아 차리지 못한다.

붓다의 가르침에 따르면 이렇게 괴롭고, 지속적으로 불만스런 상태가 존재의 첫 번째 실상이다. 우리가 스스로와 남에게 가져오는 모든 고통, 즉 미워하고, 싸우고, 아첨하고, 속임수를 쓰는 등의 행위들은 우리 자신이 만들어낸 것이다. 그것은 우리 자신의 마음에서 즉, 우리 자신의 혼란으로부터 나온 것이다. 나아가 만약 문제가 무엇인지 정확히 보지 못한다면, 이 상황은 계속될 것이다. 우리는 아이들에게 이 혼란을 가르칠 것이며, 세대를 이어가며 우리 자신뿐만 아니라 서로에게 같은 방식으로 혼란은 더해질 것이다.

붓다는 자신의 마음을 명료히 들여다봄으로써, 이후 많은 자들이 그랬던 것처럼, 이 사실을 깨달았다. 그들은 고통과 이를 멈추게 하는 방법 역시 자신 안에 놓여 있음을 알았다.

그렇다고 모든 문제로부터 자유로워질 수 있다고 말하는 것은 아니다. 우리가 올바르게 행동한다면 우리가 원하는 대로 사태가 전개될 것이라고 말하는 것도 아니다. 붓다를 포함하여, 삶의 어려움으로부터 영원히 자유로운 사람은 과거에도 없었고, 현재도 없으며, 앞으로도 없을 것이다. 붓다의 가르침은 우리의 삶을 모든 문제에서 벗어나게 해줄 것이라고 약속해주지 않는다. 그보다는 우리로 하여금 문제가 무엇이고 그 문제가 어디에서 유래했는지, 그리고 문제의 본질이 무엇인지를 탐구하도록 한다. 붓다의 가르침은 한가한 탁상공론이나 몽상이 아니다. 오히려 철저히 문제의 근본을 파고들어 그 근본 위에서 행하게 하는 것이다.

어떤 사람이 붓다가 위대한 스승이라는 소문을 듣고 먼 곳에서 찾아왔다. 그 사람도 우리 모두처럼 여러 문제를 지니고 있었으며 붓다가 이를 해결해줄 수 있으리라 기대하였다.

그는 붓다에게 자신을 농부라고 소개하면서 말했다.

"저는 농사짓는 일을 좋아합니다. 그러나 때로는 비가 충분히 내리지 않아 농사를 망치지요. 지난해 저희는 굶어 죽을 뻔했습니다. 그리고 어떤 때는 비가 너무 많이 와서 먹고 살기에 식량은 언제나 부족합니다.”

붓다는 자비롭게 그의 말에 귀 기울였다.

“저는 결혼한 사람입니다. 아내는 착합니다. 저는 아내를 정말 사랑합니다. 그러나 때로는 잔소리를 너무 많이 해서 저를 괴롭힙니다.”

붓다는 조용히 들었다.

“저는 아이들이 있습니다. 착한 아이들이지요. 그러나 때로는 제 말을 존중하지 않습니다. 또 때로는….”

그 사람은 이처럼 말을 계속 이어가며 자신의 모든 어려움과 고민을 늘어놓았다. 마침내 그는 숨을 돌리며, 붓다가 자신의 모든 문제를 해결해주리라 믿고 답을 기다렸다.

하지만 붓다는 이렇게 말했다.

“나는 당신을 도와줄 수 없습니다.”

그 남자가 놀라서 물었다.

“무슨 말씀이신지?”

붓다가 말했다.

“누구에게나 문제는 있습니다. 사실, 우리는 모두 각각 83가지 문제를 갖고 있습니다. 83가지의 문제에 대해 당신이 할 수 있는 일이라곤 아무것도 없습니다. 만약 당신이 그 중 하나에 진정으로 열심히 매달린다면 조금 나아질지도 모르지요. 하지만 그렇게 하더라도 또 다른 문제가 그 자리를 대신할 것이오. 예를 들면, 당신이 사랑하는 것들을 결국에는 잃게 될 것입니다. 그리고 당신도 언젠가는 죽게 될 것입니다. 여기에 문제가 있습니다. 당신이나 나 그리고 그 누구도 그것에 대해 할 수 있는 것은 없습니다.”

그 남자는 화를 내며 소리쳤다.

“저는 당신이 훌륭한 스승이라고 들었습니다. 나를 도와줄 거라 생각했지요. 그러면 당신의 가르침이 무슨 도움이 되나요?”

붓다가 말했다.

“글쎄요, 아마도 당신의 84번째 문제에 대해서는 도움이 될지 모르지요.”

그 사람이 말했다.

“84번째 문제요? 그게 무엇입니까?”

“당신에게 어떠한 문제도 없기를 바라는 것이오.”

우리는 우리의 문제를 없애고자 노력하고, 그 실상을 왜곡하거나 부정하면서 문제를 해결하려고 한다. 또한 그렇게 하는 과정에서 실재와 다른 무엇으로 바꾸려 애쓴다. 개들이 결코 물지 않고, 불행한 일은 절대로 일어나지 않으며, 사랑하는 사람들이 죽지 않게 하려는 등, 세상을 자기가 원하는 대로 바꾸려 한다. 대충 봐도 그러한 노력은 분명 헛될 수밖에 없어 보인다.

내가 이 책을 쓰는 동안, 나의 절친한 친구가 너무나 갑자기 세상을 떠났다. 불과 조금 전까지만 해도 친구들과 함께 웃고 있었다. 그는 잔디밭을 가로질러 몇 발자국 앞으로 걸어가다 주저앉더니 그만 숨을 거두었다.

릭은 친절하고 너그러웠으며, 많은 사람들로부터 사랑을 받았다. 행복한 결혼생활을 하던 그는, 사랑하는 아내와 어린 세 아이를 남기고 떠났다. 그는 서른여섯 살이었고, 누가 보기에도 매우 건강했다. 나뿐만 아니라 그를 아는 모두에게 그의 죽음은 커다란 슬픔이고 충격이었으며, 상상할 수 없는 일이었다. 우리 모두는 많은 눈물을 흘렸으며 나는 아직도 그를 그리워하고 있다.

이것이 인간의 삶이다. 우리는 살아가며 이러한 상황을 피해 갈 수 없다. 잡초는 우리가 싫어하고 사라지기를 원할지라도 무성하게 돋아나며, 꽃은 우리가 좋아하고 계속 있기를 원할지라도 금방 지고 만다.

인간의 삶은 만족스럽지 못함으로 특징지어진다. 불만은 바로 여기 우리와 함께 있다. 이것이 인생에 대한 붓다 가르침의 첫 번째 진리다. 우리는 이러한 현실에 어떻게 대처해야 할 것인가? 우리는 사랑하는 대상이 죽지 않을 것처럼 여기거나 희망해야 하는가? 이에 대해 깨어 있는 자는 단호하게 '아니오'라고 말할 것이다.

붓다가 깨달은 법은 현실에 근거하고 있다. 이는 허황된 약속이나 바람도 아니며, 또한 우리네 삶을 부정하는 것도 아니다. 사실을 덮으려 하거나, 그럴 듯하게 꾸미거나, 왜곡하고자 하는 시도가 없다.

무엇보다도 우리의 불만이 자신의 내면으로부터 생겨난다는 점을 알아차리는 것이 반드시 필요하다. 그것은 우리 자신이 무지하기 때문에, 실제 우리의 상황에 눈이 멀어 있기 때문에, 있는 그대로의 현실과 다른 무엇으로 보려함에서 생겨나는 것이다. 현실과는 다른 무엇에 대한 동경, 갈망, 목마름이 우리를 만족하지 못하게 만드는 것이다.

그리하여 붓다 가르침의 두 번째 진리는, 이 불만족이 우리 자신의 내면에서 일어난다는 점을 지적한다.

붓다 가르침의 세 번째 진리는, 우리가 스스로 불만족의 근원을 밝혀낼 수 있으며, 그리하여 가장 심오하고도 실존적인 상태로 이를 끝낼 수 있다는 사실을 말한다.

곧 거론할 네 번째 진리는, 우리에게 바로 그러한 깨우침을 경험할 수 있도록 하는 수단을 제공한다. 이러한 깨우침은 때때로 열반(涅槃 너바나, nirvana) 또는 깨달음이라고 부른다. 하지만 보다 정확한 표현은 간단히, '마음의 자유' 가 될지 모른다.

근원적인 인간의 문제와 대면하는 정신적인 탐색을 우리는 흔히 여행에 비유한다. 그러나 이제 우리가 시작하려는 여정은 이 단어의 일반적인 의미와는 좀 다르다.

우리는 일반적으로 여행이란 세상의 어딘가로 나가거나 혹은 자신의 내면 속으로 향하는, 동작과 방향을 내포하는 것이라고 생각한다. 그러나 불교에서 말하는 여행은 안이나 바깥 어디로도 가는 것이 아니다. 오히려 이 여행은 가장 가까운 현재성으로의 여행이다. 우리의 여행은 바로 여기 그리고 지금에 깨어있기 위하여, 여기와 지금에 깨어 있는 것이어야 한다. 완전히 살아있기 위하여, 우리는 지금 여기에 있어야 한다.

문제는 어떻게 그것을 이룰 수 있는가 하는 것이다. 이 물음에 대한 답을 스스로 찾아내려면 우리는 세 가지 인식에 도달해야만 한다. 첫째, 인생은 덧없이 지나가는 것임을 알아야 한다. 둘째, 우리는 모자람이 없고 가치 있는, 완전한 존재임을 이해해야 한다. 마지막으로, 우리는 바로 우리 자신의 피난처며, 자신의 성역이며, 자신의 구원이란 사실을 보아야 한다.

아름답고, 싱싱하게 살아있는 장미 한 송이를 보자. 향기가 그윽하다. 빙 돌아가며 돋아난 꽃잎은 사랑스런 리듬을 보이며, 선명하게 화려한 색상, 부드러운 벨벳 같은 질감과 더불어 그 모든 것이 우리를 감동시키고 즐겁게 한다.

그러나 장미꽃이 안고 있는 문제는, 그것이 시들어 사라진다는 데 있다. 꽃잎은 시들어 검게 변해 땅에 떨어진다.

이 문제에 대한 한 가지 해결책은, 진짜 장미 말고 결코 죽지 않는(그리고 결코 살아있지도 않는) 플라스틱 장미로 대체하는 것이다. 그러나 우리가 원하는 게 플라스틱 장미인가? 물론 그렇지 않다. 우리는 진짜 장미를 원한다. 우리는 시들어 죽을 수 있는 장미를 원한다. 우리는 그것이 죽기 때문에, 일시적인 것이기에, 사라지는 것이기에, 그것을 사랑한다. 장미꽃을 소중하게 만드는 건 바로 이러한 속성이다. 이것이 우리가 원하는 것이며, 우리 또한 죽어가고 있는 살아있는 존재라는 사실이다.

우리 자신의 몸과 마음 또한 사라져 가는것이기에 소중하다. 언제나 매순간 이들은 변하고 있다. 사실, 우리는 변화에 다름 아닌 그 자체다.

이를 잠시 살펴보자. 당신의 현재 몸은 어렸을 때의 몸이 아니다. 당신의 마음도 마찬가지다. 자세히 보면, 불과 몇 분 전에 이 페이지를 열었을 때 당신이 지녔던 몸과 마음이 아님을 알 수 있다. 불과 몇 초 사이에 당신 몸 안의 많은 세포들이 죽고 또 다른 세포들이 만들어졌다. 셀 수 없이 많은 화학적인 변화가 몸 속 여러 기관 안에서 일어났다. 당신의 생각도 이 페이지의 글과 주위 환경에 따라 변하였다. 뇌 안에서 수많은 신경세포들이 수많은 자극을 받았다. 순간순간 당신은 변한다.

장미와 마찬가지로 우리의 몸과 마음도 변하고 있다.

사실, 우리가 경험하는 모든 것, 즉 우리의 몸과 마음·생각·필요로 하는 것·바라는 것·주위와의 관계 등등이 변하고 있다. 모든 것은 소멸될 수밖에 없다. 우리는 매순간 죽고 매순간 다시 태어난다. 생겨남과 사라짐의 과정은 순간순간 끝없이 우리의 눈앞에서 계속된다. 우리 자신을 포함하여 우리가 보는 모든 것, 우리 삶의 모든 갖가지 면들은 단지 변화일 뿐이다.

생명의 힘은 바로 이 태어남과 죽음으로 이뤄진다. 이러한 일시성, 끝없는 생성과 소멸은 우리의 삶을 경이롭고, 생동감 넘치고, 가슴 설레게 만드는 바로 그것이다. 하지만 우리는 일반적으로 이 모든 것이 변하지 않기를 바란다. 유지하고, 붙들어매고 싶어 한다. 우리가 알고 있듯이 이러한 붙잡으려 하고 흐름에서 변화를 멈추게 하고자 하는 욕망이 우리의 삶에서 고뇌와 두려움, 근심의 주된 근원이 된다.

우리가 실재를 보든 보지 않든, 우리는 이미 그 안에 있다. 실재는 바로 지금 여기를 의미한다. 그러므로 우리 역시 여기 현재에 있는 것이다. 우리는 직접적인 경험으로부터 이미 이 모든 것을 알고 있다. 우리는 실재와 떨어져 있지 않다. 그것은 저너머 어딘가가 아닌 바로 여기다.

이 사실은 우리에게 깨어 있음의 기회를 제공한다. 당신은 바로 지금 이 순간, 그리고 매순간 깨어 있음의 기회를 갖고 있다. 그러므로 깨달음은 이미 우리의 것이다. 우리는 대부분 그것이 다른 어딘가에 있고, 다른 그 무언가를 생각해 내야 한다고 여기는 경향이 있으며, 또 그렇게 배워 왔다. 그러나 그렇지 않다. 우리는 자신의 경험을 해석할 필요가 없다. 그것은 이미 직접적으로 여기 존재한다.

우리는 이미 깨달음에 들어서있다. 우리가 해야 할 것은, 우리를 가두는 일을 멈추고, 눈앞에서 일어나는 일에 진지하게 주의를 기울이는 것이다. 우리에게 부족한 것은 아무것도 없다. 단지 필요한 것은 스스로 장애됨을 멈추고 분별하는 일를 그치는 것이다.

붓다는 죽기 전 마지막으로 이렇게 말했다.

너희들은 각자 너희들 자신에게 등불이 되어라. 너희 자신 이외에 피난처로 향하게 하지 말 것이다. 진리를 꼭 붙들고, 너 이외의 그 누구에게서 의지할 곳을 찾지 마라. 다른 누구도 너의 구원이 될 수 없다.

당신이 궁극의 권위다. 내가 아니다. 붓다도 아니다. 성경도 아니다. 정부도 아니다. 대통령도 아니다. 어머니도 아니다. 아버지도 아니다. 철학자, 과학자, 성직자, 학자, 정치가, 군인도 아니다. 학교, 국회, 법원 등도 당신의 인생, 당신의 말, 당신의 행동에 책임질 수 없다. 그 권위는 당신의 것이고, 당신 혼자만의 것이다. 당신은 그것을 없애거나 거기서 도망칠 수도 없다.

물론, 당신은 이 궁극적인 권위를 포기하거나 무시하는 척 할 수도 있고, 이를 아예 갖지 않은 듯이 행동하거나 혹은 다른 누구에게 이를 내어주려고 할 수도 있다. 그러나 당신은 진실로 여기서 자유로워질 수 없다. 당신이 다른 누구에게 당신의 권위를 내어주며 그 권위를 부정하거나 무시하고자 택하며, 바로 당신이 자신을 속이고, 당신에게 이러한 권위가 결여된 듯한 결정을 내리기도 한다.

이 궁극적인 권위는 짐이라기보다는 사실 매우 대단한 것이다. 그것은 당신이 깨달을 힘을 스스로 갖고 있음을 의미한다.

당신은 지금 당신의 손 안에 그것을 가지고 있다. 당신은 다른 어느 곳으로 갈 필요가 없다. 당신은 바로 지금, 있는 그 자리에서 깨어 있을 수 있다. 당신은 지금 이 순간 충분히 준비되어 있으며, 이미 행복을 알아차리는 데 필요한 모든 힘을 가지고 있다.

다시 말하면, 당신은 궁극적인 필요에 모든 것이 준비가 되어 있다는 뜻이다. 우리 각자는 그 무엇도 더할 필요 없이, 단순히 자신 그대로일 수 있는 힘을 가지고 있다. 부족한 것은 아무것도 없으며, 빠진 것도 없다. 당신이 그것을(또는 그 방법을) 아직 알아채지 못하고 있을지라도, 바로 지금 당신은 충분히 갖춰져 있다. 연회는 당신 앞에 펼쳐져 있으며, 당신은 먹을 것을 찾기만 하면 된다.

마음의 불안을 완전히 없애기 위하여 우리가 할 일은, 밖에서 실제로 얻을 게 아무것도 없다는 것을 보는 일뿐이다. 왜냐하면 이미 이 순간에 모든 것은 그 자체로 온전하며 완벽하기 때문이다. 그런 가운데 계속되는 혼란, 실존의 두려움, 삶에 관한 난해한 의문들로부터 깨어날 수 있다.

이 본다는 것은 붓다 가르침의 네 번째 진리로서 우리가 마음의 자유를 경험할 수 있는 수단이 된다.

붓다 가르침의 네 번째 진리는 여덟 가지 면을 포함하는데 이런 이유로 팔정도(八正道 eightfold Path)라고 부른다.

그러면 그 길이란 무엇인가? 그것은 무엇보다도 먼저, 우리의 문제가 무엇인지를 보는 것이며, 그런 다음 이에 대처하는 마음이다. 보는 것을 통해 우리는 자신을 위해서나 다른 누구를 위해서, 또는 어떤 목적이나 믿음이나 사상을 위해서가 아니라, 바로 그 순간 속에 온전히 있기 위하여 깨어 있는 의식으로 살아야 한다는 것을 알게 된다. 일단 이런 사실을 본 후에는 깨어 있는 의식으로 말하고 행동하고 삶을 영위해 나갈 것이다. 그러면 지혜로운 말과 행동, 지혜로운 삶의 양식이 자연스럽게 뒤따르게 될 것이다. 이는 실제로 삶에 적용될 수 있는 도덕성의 근간이 된다.

붓다의 가르침으로부터 나오는 도덕적인 내용은, 우리가 덕을 가장하고 남의 비위를 맞추거나, 혹은 훗날의 보답을 기대하여 행하는 선행의 코드가 아니다. 오히려 건전한 도덕성은 그 순간 안에서 온전히 생겨난다. 이는 실재의 즉각성 위에서 우리가 실제로 어떻게 살아가는가 하는 것에 달렸다. 보상은 바로 지금 그리고 여기라는 즉각성 안에 있는 것이지 결코 다른 데에 있지 않다.

팔정도는 바른 노력과 바른 마음가짐, 바른 선정을 포함한다. 그러나 불교에서의 선정(禪定)은 많은 사람들이 생각하는 명상이 아니다. 긴장을 풀고 어떤 특별한 마음 상태로 향하는 훈련이 아니다. 이 선정은 단순히 여기 존재하는 법을 배우는 것이다. 즉 매순간 깨어 존재하는 것, 그리고 현재 무슨 일이 일어나는지 알아차리는 법을 배우는 것이다.

붓다의 가르침은 우리를 추상적인 관념 안에 머물게 하지 않는다. 오히려 그것이 제시하고자 하는 것은, 바로 지금 이 순간 우리가 실제로 경험하는 것에 주의를 기울이라는 것이다. 우리는 저 너머를 볼 필요가 없다. 우리는 어떤 것도 해석하려 할 필요가 없다. 무언가를 얻으려 할 필요도 없다. 그리고 티벳, 일본, 그밖의 다른 어느 곳으로 달아날 필요도 없다. 우리는 바로 여기에서 깨닫는 것이다. 사실은 바로 여기에서만 우리는 깨달을 수 있다.

따라서 우리는 길고도 고통스러운 길을 찾아나설 필요가 없다. 우리는 이미 우리가 있어야 할 곳에 있다.

식탁은 우리 앞에 차려져 있다.

이제 어떻게 먹을 것인지 살펴보자.

2장 고장난 바퀴

붓다가 설파한 네 가지 진리 가운데 첫 번째는 두카(duhkha)라고 부른다. 두카는 쉽게 옮길 수 없는 말이라서, 나는 여기서 한 차례 설명을 하고 뒤로는 번역하지 않고 그대로 쓰고자 한다.

두카는 흔히 고(苦)라고 번역된다. 그러나 이것은 단지 그 단어가 의미하는 바의 일부일 뿐이다. 왜냐하면 쾌락 역시 두카의 한 형태기 때문이다.

산스크리트어로 두카는 '만족'을 의미하는 '수카(sukha)'의 반대말이다. 그래서 어떤 사람들은 두카를 '불만족'이라고 번역하기도 한다. 그러나 이 역시 정확한 것은 아니다.

두카는 사실 고장 난 바퀴를 의미하는 산스크리트어에서 유래한다. 만약 우리가 이 바퀴를 물레의 경우처럼 어떤 중요한 기능을 행하는 것으로 생각하면, 그때 고장 난 물레바퀴는 우리가 도기를 만들 때마다 계속 문제를 일으킬 것이다.

붓다 시대에 고장 난 바퀴를 달고 가는 수레를 떠올린다면, 이를 타고 가는 것이 얼마나 불편할지 쉽게 상상할 수 있을 것이다. 계속되는 흔들림은 짜증나고 어지럽게 만든다. 아마 처음에는 약간의 흔들림으로 타고 있는 사람에게 얼마간의 재미를 줄지 모르나, 잠시 후 점점 고통으로 변할 것이다.

붓다 가르침의 첫 번째 진리는 인간의 삶을 고장 난 바퀴에 비유하고 있다. 근본적이고 중요한 무엇인가가 잘못되어 있다는 의미다. 그것이 계속 우리를 괴롭히고, 때로 불행하게도 만든다. 바퀴가 구를 때마다, 지나가는 매일 매일이 우리는 고통스럽다.

물론 즐거운 순간들도 있다. 그러나 우리가 즐거움을 가꾸고 지키려 아무리 노력해도, 결국 그 즐거움은 사라지고 혼란과 고통만 돌아온다. 우리가 무엇을 하든 혼란과 고통을 완전히 물리칠 방법은 없다. 여전히 83가지의 문제는 남는다.

이에 대해 우리가 할 수 있는 것은 무엇인가? 우리는 무엇이 문제인지를 분명히 보는 것으로부터 일단 시작할 수 있다.

'보는 것이 믿는 것이다' 라는 표현을 들어본 적이 있을 것이다. 그러나 믿는 것이 진정한 의미의 보는 것은 아니다. 사실 그것은 그 반대다. 믿는 것은 기껏해야 실재에 대하여 알려지고 교육으로 얻은 추측에 불과하다. 반대로 보는 것은, 있는 그대로 직접적이며 다른 것이 섞이지 않은 경험으로서, 실재 그 자체를 직관하는 것이다.

예를 하나 들어 보자. 내가 당신에게 꼭 쥔 주먹을 들어 보이며, 그 안에 보석이 들어 있다고 말한다. 지금 나는 거짓을 말하고 있거나 사실을 말하고 있거나 둘 중 하나일 것이다. 어느 경우든 당신에겐 별 수가 없다. 내가 주먹을 쥐고 있는 한, 내가 손 안에 보석을 쥐고 있는지 아닌지 당신은 알 수 없다. 당신이 할 수 있는 일이란, 내가 제공한 정보에 기초하여 손 안에 보석을 가지고 있다고 믿거나 혹은 갖고 있지 않다고 추측할 뿐이다.

내가 주먹을 폈을 때만 당신은 거기에 보석이 있는지 없는지 비로소 볼 수 있다. 그리고 내가 주먹을 펴 보인 후에는 믿음의 필요성 내지 소용은 사라져버린다. 당신 스스로 거기에 보석이 있는지 볼 수 있게 되었기 때문이다. 그리고 이제 당신은 자신의 생각이 아니라 직접 본 것을 바탕으로 행동하게 된다.

어떠한 이슈나 딜레마에서도 마찬가지다. 믿음은 실제 경험이 없을 때 임시방편이 될 수 있다. 그러나 일단 실재를 보게 되면 믿음은 불필요하게 된다. 사실, 이 점에서 믿음은 분명하고 직접적인 직관에 방해가 될 뿐이다. 그러므로 당신이 진실과 실재를 보고자 한다면 단순히 믿는 것에 의존해서는 안 된다. 당신은 오직 실재의 직관과 직접적 경험에만 따라야 한다.

진실과 실재(두 용어는 동의어다)는 당신이 볼 수 있도록 여기 주어져 있다. 다른 무엇이 아닌 진실 그 자체며, 실재 그 자체가 바로 여기에 있다. 당신이 생각하거나 희망하거나 믿거나 상상하는 것으로서가 아니며, 당신이나 다른 누군가가 그것에 이름표를 붙이기 이전의 것이다. 그것에 이름을 붙이거나 매달리지 않고 바로 보는 것이, 우리가 진리를 얻는 유일한 길이다.

진실 또는 실재는 모호하고 신비롭거나 감춰진 것이 아니다. 당신은 이를 찾기 위해 스승이나 붓다, 당신의 부모, 사제, 랍비, 무당, 그밖의 다른 어떤 힘있는 대상에게로 갈 필요가 전혀 없다. 또한 당신이 책에서 찾을 수 있는 것도 아니다. 진실은 보는 것을 통하여 우리에게 다가온다. 보는 것이 아는 것이다.

보는 것은 그 이상의 확인을 필요로 하지 않는다. 이는 자명하며 진실과 하나다. 그러나 우리는 일반적으로 우리에게 실제로 일어나는 것을 제대로 보는 데 서툴다.

내가 언급하고 있는 것에 관한 구체적인 예로서, 다음의 그림을 보자. 믿든 안 믿든, 이것은 당신이 직접으로든 사진으로든 수없이 보아온 아주 익숙한 어떤 것의 사실적 이미지다.

만약 이것이 무엇인지 바로 알아보지 못한다면, 당신의 마음 상태를 주시하라. 당신의 마음이 어느 정도 혼란스럽다는 것을 알아채라.

이 그림을 처음 보고 어떤 이들은 사람이 드러누워 있는 것 같다고 말한다. 그러나 그들은 확신하지 못한다. 그들은 비스듬히 기대고 있는 사람일 것이라고 믿고 있다(내가 처음 이 그림을 봤을 때 생각했던 바다). 그러나 여기서는 이 그림이 무엇을 묘사하고 있는지 당신이 안다는 확신이 없이는, 진정으로 본다는 의미가 될 수 없다.

그림을 계속 보라. 이 그림이 무엇인지 실제로 알게 될 때, 모든 의심은 일시에 사라질 것이다. 당신이 이것이 무엇인지를 알게 되면 그것에 대한 모든 마음의 불편이 곧 사라질 것이다.

아직 이 그림이 무엇인지 모르겠다면 계속하여 그것을 응시하라. 결국엔 알게 될 것이다. 그리고 알아차리게 되는 그때에, 마음속에 일어나는 갑작스런 변화에 주목하라. (만약 그것이 전혀 가망 없어 보이거나 도움이 필요하면 이 책의 211쪽에서 해답을 찾을 수 있다. 그러나 그것이 무엇인지 볼 수 있을 때까지 포기하지 말며 당신의 마음속에 인식의 놀라움과 변화를 목격하도록 한다.)

갑자기 당신이 보았을 때 마음의 긴장이 어떻게 풀렸는지 느껴지는가? 예전의 모호하고 수수께끼같이 흐릿하며 불편했던 마음 상태가, 당신이 이 그림이 무엇인지 보는 순간 불현듯 바뀌게 된다. 이제 당신은 분명하고 절대적인 확신을 갖게 되었다. 그리고 이 명료함과 확신은 당신이 이 그림을 볼 때마다 당신에게 남아 있을 것이다. 만약 누군가 당신에게 "이것은 누워 있는 사람의 그림이다"라고 말한대도, 그 사람이 틀렸음을 알 수 있을 것이고, 당신에게는 아무런 영향도 미치지 않을 것이다.

이는 보는 것과 단순히 믿음, 생각, 관념을 갖는 것과의 차이를 예로써 보여준다.

붓다의 가르침도 이와 비슷하지만, 보다 심오하고 보편적인 길을 말하고 있다. 그것은 어떤 모호하고 아득히 먼 세상에 관한 것이 아니다. 지금 여기에 관한 것이다. 이 순간에 깨어 있는 것이며 있는 그대로 보는 것이다. 당신이 갑자기 이 그림이 무엇인지 본 이후에 마음 상태가 바뀐 것처럼, 불현듯 상황을 보게 될 때 당신은 확신을 경험하게 되며 모든 것이 분명해질 것이다. 이를 깨달음, 혹은 깨어남이라 한다.

이 깨어남은 예외 없이 매순간, 우리 모두에게 가능하다.

그러나 우리가 일상적인 혼란 상태에 머무는 한, 마음은 짜증스럽고 괴로운 두카로 특징지어진다. 사실 우리의 상황을 주의 깊고 진지하게 들여다본다면, 세 가지 종류의 두카를 경험하고 있음을 알 수 있다.

첫 번째 두카는 직접적인 고통으로, 육체적 · 정신적 고통 모두에 해당한다. 우리가 그것을 좋아하든 좋아하지 않든, 고통은 삶의 피할 수 없는 부분이다. 우리는 이를 약으로 자신을 고통에 무디게 만들 수도 있으며, 그것을 피하거나 최소화하기 위해 어떤 방법을 쓰기도 한다. 그러나 우리는 이를 완전히 피할 수는 없다. 지금은 건강할지라도 언젠가 당신은 다치거나 병들어 죽을 것이다. 사실 많은 경우에 고통을 줄이고 피하려다가 오히려 고통을 키울 수도 있다. 흔한 예로, 치통을 앓으면서도 치료의 고통이 두려워 치과에 가기를 미루는 사람을 들 수 있다. 너무 오래 미루게 되면, 심각한 염증을 유발하고 결국에는 뿌리까지 썩어 들어가서, 서둘러 의사를 만났을 경우보다 더 많은 비용과 시간이 들며 고통도 더할 것이다.

육체적 고통은 몸의 어느 부분에 이상이 생겼을 때 나타난다. 정신적 고통은 우리 삶에, 다른 사람들의 삶에, 혹은 세상에 문제가 있다고 느껴질 때 나타난다. 정신적 고통은 우리가 원하는 것을 얻지 못할 때, 혹은 원하지 않는 삶을 살아가야 한다거나 강요받을 때 생겨난다.

고통은 언제나 우리와 함께 있으며 또한 마주 하여야 한다. 그렇지 않으면 '두카' 라는 우리가 처한 상황에서 빠져 나가는 길을 찾지 못할 것이다. 똑바로 이를 대면하므로서 고통을 풀어 나갈 수 있게 된다.

두카의 두 번째 형태는 변화다. 우리가 육체적, 정신적으로 경험하는 모든 현상은 끊임없는 흐름과 변화 속에 놓여져 있다. 우리가 무엇을 향하고 무엇을 보고 무엇에 관해 말하든지, 혹은 생각하든지 이 모두는 계속되는 흐름 속에 있다. 만일 우리가 깨어 있는 상태에 반하는 일상적인 마음 상태에 있다면, 이 흐름은 불만족·혼란·두카로 나타난다.

우리는 그러한 변화를 막으려 하고, 혹은 그대로 계속되게 하려는 우리의 간절한 바람이 문제를 키운다. 우리는 이것을 힘으로 통제하고 조작함으로써 외적으로 해결하려 한다. 그리고 세상을 관념화함으로써 내적으로 해결하려 한다. 우리는 마음 속에서 모든 것을 고착화하고 규정하므로서 의미와 목적 그리고 안정을 얻고자 한다.

이렇게 하며 잠시 상황을 편안하게 만들지라도, 이는 단지 순간일 뿐이다. 이러한 일시적인 상황을 둘러싼 주위의 모든 것들은 불가피하게 변하게 될 것이다. 그리고 이들이 변화할 때, 일시적인 즐거움은 사라지고 또 다시 두카가 나타나게 될 것이다.

두 번째 형태의 두카는 미묘하게 나타나지만, 세상을 붙잡아 두려는 이 힘은 상당히 고질적이다. 실체를 거부하는 필사적인 것이기에 더욱 고통스럽고 좌절하게 한다. 우리는 그러한 고통과 혼란이 없는 다른 세상을 갈망할지도 모른다. 내적으로나 외적으로 그러한 곳을 만들려고 시도할 수도 있다. 그러나 그런 곳은 존재하지도, 결코 존재할 수도 없다. 죽음에 관해 잠시 생각해 보면, 이는 분명해진다. 살아있는 모든 것은 죽을 수밖에 없다. 존재하는 모든 것은 사라지거나 그 형태가 변한다. 어떤 것도 존재하면서 변하지 않을 수 없다.

우리는 일상적인 마음 상태에 머무는 한, 변화에 의해 생겨나는 피할 수 없는 이 두카에서 도망칠 수 없다. 그러나 우리는 이를 직시하지 않으려는 경향이 있다. 그 대신, 일반적으로 이 세상, 즉 우리의 삶, 우리의 관계, 일어나는 일, 다른 사람 등을 우리 식으로 만들려 애쓴다. 이러한 시도는 두 번째 형태 두카의 가장 큰 근원이다.

우리가 이 사실을 보게 될 때까지 우리는 여전히 어딘가에 이르고 무엇을 통제하려 한다. 우리는 그렇게 함으로써 이 세상을 자신과 다른 모두를 위해 더 나은 곳으로 만들 수 있을 것으로 순진하게 믿는다. 이 과정에서 우리는 우리가 만든 모든 것들이 결국 황폐함(고통, 혼란, 정신적·육체적 피로), 즉 두카라는 사실을 깨닫지 못한다.

벗어나는 길은 통제와 같은 의도적인 행위가 아니라, 보는 것을 통해서 이루어진다. 단지 보는 것만으로도 충분하다. 그러나 어떻게 그리고 무엇을 볼 것인가? 이를 살펴보도록 하자.

육체적·정신적 고통의 두카, 변화에서 오는 두카와 함께 존재 자체에서 오는 두카가 있다. 세 번째 형태의 두카는 앞의 두 가지 두카보다 훨씬 보기 어렵다. 그것은 좀 더 진지한 성찰을 필요로 한다.

당신 스스로를 특별하고 개별적인 존재로 보는 한, 당신 또한 죽을 수밖에 없는 존재로 보게 될 것이다. 만약 당신이 '존재함' 안에 있다면 필연적으로 '존재함' 밖으로 나가게 된다. 이러한 사실은 깊은 고뇌와 고통, 두려움을 가져온다.

이런 형태의 두카를 경험하는 가장 간단한 방법은, 그냥 조용히 앉아 몇 가지 아주 근원적인 의문들에 관해 당신이 그 답을 전혀 모르고 있다는 사실을 곰곰이 새겨 보면 된다. 당신은 어떻게 이곳에 왔는가, 당신은 무엇인가, 당신은 어디에서 왔는가, 당신은 어디로 가는가 등등. 당신은 이러한 의문에 대해 확신이나 나름대로의 생각을 지니고 있을지 모르나, 이들 중 어떠한 것도 당신 자신의 직접적 경험을 통해 알게 된 것은 아니다.

세상이 얼마나 광대한지 보라. 이 세상의 모든 것에 어떤 목적이 있는가? 이 광대함에 반해 우리 각자는 얼마나 미미한지를 보라. 인간의 삶은 무엇을 위한 것인가? 이 모두는 과연 왜 존재하는가? 텅 비어 있는 대신 왜 무엇인가 존재하는가?

이때 답도 없는 커다란 의문이 또 생겨난다. 즉 '내가 죽은 후, 나에게 무슨 일이 일어날까?' 하는 것이다. 우리는 천국과 지옥, 환생 등에 관한 많은 이야기를 알고 있다. 그러나 이들은 모두 이야기에 지나지 않는다. 깨달은 자의 가르침은 우리에게 이야기를 들려주려는 게 아니다. 이는 실제적인 경험을 고찰하는 것이다.

실제적인 경험은 그 커다란 의문에 대해 무엇을 말해줄 수 있는가? 우리는 우리가 어디에서 왔는지, 어디로 가는지, 우리가 여기 왜 있는지, 혹은 우리가 죽을 때 우리 각자에게 어떤 일이 일어날지에 대해 이해할 수 있는가? 물론 그렇다고 할 수도 있다. 그러나 우리는 그러한 의문에 대한 답을 생각해 내려고 해도 만족스러운 답을 얻을 수 없다.

하지만 우리 자신의 직접 경험을 통하여, 존재함으로써 경험하는 이 깊은 불안은 사라질 수 있다. 44쪽의 수수께끼 같은 이미지가 무엇인지 보게 된 후 마음의 불편이 일시에 사라지듯이, 봄으로써 당신은 알 수 있다.

3장 두카의 생겨남

붓다 가르침의 두 번째 진리는 두카의 생겨남에 관한 것이다. 두카는 자신이 바라는 대상을 얻으려는 간절한 바람에서 생겨난다. 이러한 갈망 혹은 욕망은 세 가지 다른 형태로 나타난다.

첫째는 감각적인 욕망이다. 우리는 이것이 단순히 육체적인 것이라고 생각하는 경향이 있으나, 이는 또한 정신적인 것이기도 하다. 물론, 우리는 편하고 게다가 자극적인 육체적 쾌락을 원한다. 그러나 좋은 대화, 균형 잡힌 정서적 삶, 즐길 수 있는 예술과 오락 등의 훌륭한 지적 자극을 원하기도 한다.

두 번째 욕망의 형태는 존재 그 자체에 대한 욕망이다. 우리는 죽기를 원하지 않는다. 어떻게든 남아 있고, 영원히 살기를 바란다.

그러나 우리가 존재에 대한 욕망을 포기할 수 있을지라도, 여전히 우리를 괴롭히는 세 번째 형태의 욕망이 남아 있다. 그것은 존재하지 않고자 하는 욕망이다. 우리는 고통과 괴로움의 이 세상으로부터 해방되기를 원한다.

두카는 이러한 세 가지 욕망의 형태로 우리의 마음속에서 끝없이 일어난다. 이를 깨닫지 못할 때, 우리는 이 순간을 잊고서 무언가를 목마르게 원하거나 무언가를 싫어함에 사로잡히게 되는데, 어떤 것은 간절히 다가오기를(혹은 머물기를) 바라고 다른 무엇은 멀어지기를 바란다. 사실상 인류의 모든 근심은 이 세 가지 형태의 갈망에서 생겨난다.

우리의 가장 큰 고통은 이렇게 모두 자신으로부터 초래한 것이다. 우리를 괴롭히는 것들을 하나씩 살펴보면, 결국 이들은 우리의 욕망·바람과 연결되어 있음을 알게 될 것이다.

그러나 우리는 이 사실을 알아 차리지 못하는 경향이 있다. 근본적으로 우리는 자신이 진정 원하는 바가 무엇인지 잘못 알고 있다. 우리가 진정 원하는 모든 것(우리 모두가 원하는 것)이 사실은 깨어 있는 것이라는 사실을 쉽게 알지 못한다. 우리는 혼란을 원치 않는다. 무지의 상태에서 삶이 지속되기를 원하지 않는다. 그러나 일반적으로 우리는 이 사실조차 모르고 있다.

이같은 내면의 깊은 요구를 간과하기 때문에 무엇을 얻으려 함으로써 우리의 욕망을 달래려고 한다. 돈과 명예, 사랑과 안

락함 등이 어우러져 모든 근심을 소멸시켜버릴 것으로 상상한다. 그러나 우리가 얻을 수 있는 그 어떤 것도 결코 근심을 사라지게 하지 못한다. 그리고 우리는 그 사실을 이미 알고 있다.

깨달음은 우리의 83가지 문제(일상의 부침)의 소멸을 보장하지는 않는다. 아니, 삶의 부침은 삶과 함께 계속된다. 그러나 84번째 문제를 대하므로서 (두카의 생겨남을 '봄'으로써) 우리의 문제는 더 이상 문제가 되지 않는다.

내게 선을 가르쳐준 스승은 자신이 머물고 있는 선원에서 빠져 나가고 싶어 했던 한 수행자의 일화를 들려주곤 했다.

선원에서는 당신이 무엇을 하고 있는지, 당신이 순간순간 경험하는 것에 대해 끊임없이 주의를 기울여야 한다. 모든 행위는 절제되고 사려깊은 침묵 속에서 이뤄진다. 이는 당신에게도 어느 정도 가능한 일로서, 그는 스승을 찾아가 말했다.

"더 이상 견딜 수 없으니, 나가고 싶습니다."

스승이 말했다.

"그래 좋다. 떠나거라."

그가 문으로 향하자 스승이 다시 말했다.

"그건 네가 나갈 문이 아니다."

"아, 죄송합니다."

당황한 그는 주위를 살피더니 두 번째 문을 찾아냈다. 그가 그 문으로 향하자 스승이 말했다.

"그 문도 네가 나갈 문이 아니야."

"아!"

그는 또 다른 문을 둘러보았다. 그는 스승 뒤편에 스승의 상좌가 평상시 사용하는 작은 문을 보았다. 그가 그 문쪽으로 향하자, 스승이 크게 소리질렀다.

"그것도 네가 나갈 문이 아니야."

당황한 그가 말했다.

"이제 다른 문은 없습니다. 제가 떠날 수 있다고 말씀하셨지만, 나갈 수 있는 문이 더는 없습니다."

그러자 스승이 말했다.

"만약 네가 나갈 수 있는 문이 없다면, 거기 앉거라."

우리는 오직 여기에만 있을 수 있다. 우리는 떠날 수 없다. 우리는 항상 여기에 있다. 당신의 삶을 돌아보면, 이것이 바로 당신 자신의 경우임을 보게 될 것이다.

스승의 "앉거라"라는 말은 실제로 일어나는 일로부터 달아나려 하지 말고, 그것을 대면하라는 의미다. 이것이 우리에게 놓인 고통과 혼란에 종말을 고하는 유일한 길이다.

불행하게도 우리는 문을 찾아 나감으로써, 할 수 있는 모든 수단과 방법을 동원해 자신이 직면한 상황을 벗어나려 함으로 써, 대부분의 문제를 해결하려 든다. 그러나 우리의 진정한 문 제, 즉 깊이 자리한 마음의 고통은 어디를 가더라도 사라지지 않는다. 그 아픔은 언제나 우리와 함께 있다. 깊이 자리한 이 문 제는 어리석음이다.

살아가는 동안 겪게 되는 커다란 문제들인 전쟁, 범죄, 가난, 무지, 탐욕, 퇴폐 등을 보면 이들은 자연 재앙이 아니다. 로스엔 젤레스 지진과 폭동 가운데, 어느 것이 당신을 더 고통스럽게 만드는가? 지진의 경우엔 어렵지만 모두 힘을 합쳐 서로 도왔 다. 파편과 연기가 자욱한 가운데서도, 사람들은 서로에게 손을 내밀어 그러한 혼란 속에서 서로간의 믿음을 키워 나갔다.

그러나 폭동의 경우, 그 한가운데서도 언제나 몇몇 영웅적인 인물들에 의한 고귀한 선행이 있긴 하지만, 모든 폭동의 근원은 언제나 우리 인간들이다. 폭동을 일으키는 조건이 바로 사람들 이다. 그것을 야기한 것도 우리요 행한 것도 우리다. 그리고 지 속시키는 것도 우리다. 지진과 달리, 폭동은 전적으로 사람들이 야기한 결과로, 그것을 막는 것도 역시 전적으로 우리에게 달려 있음을 의미한다.

그러나 이를 막기 위해서는 먼저 우리의 상황을 진정으로 마주 하여야 한다.

무지는 방심하는 사이, 알지 못하게 다가온다. 예를 들면, 원하던 근사한 것을 얻었을 때조차도, 우리는 더 많이 원하거나 또 다른 무엇을 원하고 있음을 생각해 보자. 이렇게 계속되면, 삶이 무의미해진다. 그런 상태가 되거나 혹은 우리가 원하는 것을 얻지 못하게 될 때 반복적인 좌절감에 빠지게 된다. 헨리 포드(Henry Ford, 미국의 자동차 제조업자)는 처음으로 10억 달러를 가진 후, 얼마나 더 많은 돈을 벌기를 원하는지를 묻는 사람들의 질문에, 조금 더 벌었으면 좋겠다고 말했다.

우리도 마찬가지다. 제대로 상황을 알지 못하기에, 결코 만족하지 못한다. 우리는 만화의 주인공 해거(〈Hagar the Horrible〉이라는 유명한 바이킹을 다룬 연재만화의 주인공)와 비슷하다. 그는 권력·부·진정한 행복 가운데 무엇을 택하겠냐고 물었을 때, 권력을 택하였다. "권력을 가지면 부도 얻을 수 있고, 그러면 나는 행복해 질 것이다"라고 하였다.

우리는 해거보다 인생을 잘 알고 있다고 생각하기 때문에 해거의 생각을 우스꽝스럽게 여긴다. 그러니 우리는 항상 이러한 사실을 잊은 채 해거보다 훨씬 더 세속적으로 행동하거나 적어도 그렇게 생각하여 살고있다.

좋은 때는 오고 또 지나간다. 나쁜 때도 오고 간다. 하지만 우리는 좋은 때만 오게 하기 위하여 많은 시간과 노력을 기울인다. 우리는 좋은 시절이 저절로 와 있어도 잘 알아차리지 못한다. 게다가 나쁜 시절은 시간과 노력을 들여 멀리하려 하여도 결국 피할 수 없다.

물론 우리는 나쁜 때를 원치 않는다. 그러나 나쁜 시절도 좋은 시절처럼 우리의 통제 밖에 있다. 원치 않는 때는, 우리가 상황을 바꾸려 무엇을 하든 상관없이 올 것이며 그리고 또 지나갈 것이다. 좋은 때도 마찬가지다. 그러므로 매순간 그냥 단순히 충만히 삶을 살아가면서, 우리가 어떻게 할 수 없다는 사실과 이는 단지 꿈에 지나지 않는다는 것을 알아차려야 한다.

그러나 이것이 우리가 미래를 위해 무언가를 계획할 수 없다는 것을 의미하지 않는다. 그것은 어떤 특별한 상황에 집착하지 않음을 의미한다. 즉 미래가 어떠해야 한다고 고집하는 것보다 오히려 지금에 노력을 집중하는 게 더 낫다는 의미다.

무지와 욕망의 굴레를 벗어나는 일은 그냥 보는 것으로 가능한 것이지, 그것에 대하여 특별한 무엇을 해야 하는 것이 아니다. 일단 보게 되면, 자연스런 행위가 뒤따르게 된다. 욕망을 다루는 데 있어 문제는, 이를 억누르려고 할 때 욕망이 다른 곳으로 걸음을 옮기게 할 뿐이라는 사실이다. 욕망은 이전보다 더욱 세차게 타오른다. 예를 들어, 당신이 지금 피자가 먹고 싶다는 것을 알게 되었다고 가정하자. 그것은 문제가 되지않는다. 그저 그 사실에 주목해 보자.

그러나 우리는 보통 거기서 멈추지 않는다. 그냥 보기 보다는 알아차린 것에 대해 더 나가기 시작한다. 즉 '나는 피자를 원해서는 안 된다. 피자에 대한 욕망을 끊어야 한다' 라고.

바로 이런 반응이 더 큰 갈망을 낳는다. 우리는 욕망의 종식을 원한다. 우리는 또 다시, 흔히 해오던 대로 붙잡으려 하며 집착한다. 이것은 자유가 아니라 속박이다. 이것은 미묘하지만 결정적인 문제다. 이와 같은 문제를 되풀이하지 않을 보호장치는 없다.

이 문제를 제거하는 유일한 방법은 그것을 보고, 그것을 통해 더 이상 문제를 확대하지 않는 것이다.

이것은 자만이나 나태를 의미하지는 않는다. 행하느냐 아니냐는 결코 문제가 아니다. 당신은 이를 피할 수 없다. 문제는 보느냐 보지 않느냐다. 전적으로 문제는 여기에 달려 있다.

물론 이 문제를 인식한 이후에도 그것을 명확하게 보기는 어렵다. 살아가면서 보는 일은 점점 어려워진다. 하지만 바로 이것이 우리가 중요히 여겨야 할 점이다.

우리의 문제는 붓다가 마음의 편향성이라고 표현한 것에 기인한다. 마음은 한 방향이나 또 다른 방향으로 기우는 경향이 있다. 무지로 인해 저 너머에 우리가 갈망하는 무엇이 있다고 생각하기 때문이다. '난 그것을 되찾고 싶어', '나는 지금 그것을 원해', '나는 더 이상 그것을 원치 않아. 치워버려.' 어느 쪽이든, 원하는 것과 원치 않는 것이 우리와 따로이 떨어져 있다고 여긴다.

붓다의 마음, 즉 깨달은 마음에는 그러한 치우침이 없다. 반면에 우리의 일상적인 마음(관념적 마음)은 치우쳐 있다. 그것은 선택하고, 원하고, 갈망하는 것으로 가득 차 있다. 중국 선불교의 창시자 가운데 한 사람인 승찬(僧瓚 Seng-Ch' an) 스님은 그의 저서 《신심명(信心銘)》에서 가려내고 택하는 것이 마음의 가장 나쁜 병이라고 지적하고 있다. 독일인들에겐 "선택하는 사람에게는 고통이 있다"라는 표현이 있다. 그것이 사실이다. 선택해야 하는 상황이 오면, 항상 마음이 불편해진다.

두카는 선택과 연관되어 있다. 우리가 이것을 이해하지 못하면, 두카에 더욱 사로잡히게 되고 빠져나가기는 더 어려워진다.

우리는 자유를 선택의 최대화라고 보는 문화 속에 살고 있다. 그러나 이는 결코 진정한 자유가 아니다. 사실, 그것은 속박의 한 형태다. 진정한 자유는 선택의 최대화에 있지 않고, 역설적으로 대부분 선택의 여지가 거의 없는 삶 속에서 쉽게 찾을 수 있다.

이 문제를 한번 생각해 보자. 흔히 문제가 심각할수록 선택은 더 쉬워진다.

나는 암에 걸렸을 때 이 사실을 깨달았다. 의사들은 내게 화학요법을 쓰기를 원했지만, 나는 아스피린을 먹는 것조차 싫어하던 사람이었다. 그렇게 강력한 화학물질을 내 몸 속에 넣는다는 것은 너무 소름끼치는 일이었다. 하지만 내 가슴, 목과 복부 안에 종양이 있었다. 몸무게가 줄어들고 매우 쇠약해졌으며 피곤하였다. 치료를 하지 않는다면 단 몇 주만 살 수 있었을 것이다. 그러나 치료를 받으면, 몇 달, 일 년 또는 그 이상을 살 수 있으리라는 희미한 가능성이 있었다.

그래서 나는 화학요법에 거부감을 갖고 있었지만, 선택에 주저하지 않았다. 나는 화학요법을 쓰기로 하였고, 그것은 20여 년 전의 일이되었다.

그렇다고 해서 마음의 자유가 선택을 포기하는 데 있다고 말하는 것은 아니다. 선택은 항상 우리 삶의 구체적인 일상과 주변 환경을 변화시키는 데 관여한다. 다만 자유로운 마음일 때, 선택은 쉬워진다. 우리에게 다른 선택은 없다. 오직 깨어 있음 만이 있을 뿐이다.

사소한 선택이 마음을 사로잡으면 정작 중요한 일은 잊혀지고 욕망이나 갈망이 대신 자리를 잡는다. 마음은 사소한 일들 때문에 편치 않고 불만스러워진다. 삶과 죽음의 문제에서 선택의 여지는 거의 없다. 따라서 삶과 죽음의 문제는 설령 고통스러울지라도 결론을 내리기 쉽다. 하지만 하찮은 선택들은 우리 삶을 쓸데없이 어지럽게 만든다. 우리는 그것들이 즐거움을 가져오리라 여기지만, 그들은 단지 불만을 키울 뿐이다.

이와 같이 우리가 실제로 무엇을 하고 있는지 깨닫지 못한다면 우리는 점점 더 속박될 것이다. 우리가 주의를 기울이지 않는다면, 우리 삶을 바쁘고 복잡하게 만들며, 우리는 자신을 공허함과 무의미한 느낌으로 채우게 된다. 우리의 마음은 사소한 일들과 욕망으로 점점 복잡해지고 뒤얽히고 혼란스러워진다. 하지만 어느 조용한 순간, 자유란 하찮은 선택 가운데 있지 않으며, 이것은 잘못된 게임임을 알게 될 것이다.

우리의 의도가 두카와 만나는 또 다른 경우를 생각해 보자.

젊었을 때 나는 작은 스포츠카를 몰았는데, 천으로 된 덮개가 있는 오픈카였다. 언젠가 나는 친구와 함께 대륙을 횡단하는 여행을 하였다. 돈을 절약하기 위하여 여행 내내 야영을 하며 지냈는데 어느날 우리는 밤늦게 미시간 호숫가에 있는 인디애나 듄스 주립공원에 도착하였다. 거기 도착했을 때 늦어서 이미 문이 닫혀 있을 것으로 생각하였으나 다행히 열려 있었다. 주위에는 아무도 없었으며 우리는 야영지로 차를 몰고 들어가 텐트를 쳤다. 나는 차에서 내리기 전에 시계를 풀어 차 안 방향지시기에 걸어 두고 아무도 없었기에 지갑도 계기판 위에 두고 내렸다. 그리고는 여행으로 지쳐있었기에 슬리핑백 속으로 기어들어가 곧바로 잠이 들었다. 내 친구는 도시에만 자란 탓으로 텐트에서 자는 것에 익숙치 못하였다. 내가 얼마쯤 잤을까, 그는 나를 깨웠다. 밖에서 무언가 움직이는 것에 신경이 쓰였던 것이다. 그는 아마도 그것이 도둑일 거라고 생각하였다. 야영에 익숙한 나는 웃어넘기며, 짐승들이 밤에 돌아다니는 것이니 걱정말라고 하고 이내 잠이 들었다.

다음날 아침, 나는 텐트에서 나와 아침 체조를 하기 위해 차 옆에서 팔을 넓게 뻗었을 때, 차 지붕이 크게 T자로 찢어져 푹 꺼져 있는 것을 발견하였다.

시계와 지갑이 차 안에 여전히 있었기에, 단순히 남을 괴롭히려는 파괴적인 행위로 여겨졌다. 그는 단지 지붕을 찢고 달아난 것으로 말이다. 아무 이유 없이 칼로 차 지붕을 찢는 그들이 가증스러웠다. 나는 사람들이 이런 짓을 하는 세상에서 살고 싶지 않았다.

나중에 근처 숲 속을 걸어가다가 갈기갈기 찢겨진 과자상자를 발견하였다. 그 속에 과자는 없고 빈 상자만 남아 있었다. 나는 아무 생각 없이 그것을 집어 쓰레기통에 집어 넣었다.

잠시 후 차로 돌아왔을 때 친구는 조수석 앞의 보관함을 뒤지다가 갑자기 그가 소리쳤다.

"어, 내 과자가 없어졌어!"

순간 모든 것이 드러났다. 도시에서 온 친구는 밤새 차 안에 과자봉지를 놔둘 정도로 순진했다. 그리고 너구리 한 마리가 지붕을 찢고서 과자를 가져갔던 것이다.

즉시 지붕이 찢어진 것에 대한 부정적 감정이 금방 사라졌다. 지붕을 찢은 것을 어떤 사람의 고의적인 행위로 여겼을 때는 마음속 깊이 단순한 노여움 이상의 불쾌감을 느꼈었다. 그러나 그것이 너구리의 짓이라는 것을 깨닫자, 나는 당연히 너구리가 '이것은 내 과자가 아니니 먹어서는 안 된다' 고 생각하지 못한다는 사실을 알았다. 너구리는 소유의식이나 아무런 악의 없이 그냥 그가 아는 유일한 방법으로 차 안으로 들어왔을 뿐이다.

거기에는 과자가 있었고, 그래서 당연히 그것을 먹었던 것이다. 거기엔 어떠한 혼란스러움도 없고 더욱이 누구를 탓할 일도 아니었다.

갑자기 나는 더 이상 어떠한 고통도 느끼지 않았다. 더 이상 공허한 마음이나 참기 힘든 고통은 계속되지 않았다.

그런데 나의 생각이 그 사실로 인해 왜 그토록 철저히 바뀔 수 있었을까? 왜 너구리의 행위는 사람의 고의적 행위와 다른가? 그 차이는 의도의 유무에 달렸다.

우리는 수행을 쌓는 목적이, 나쁜 행위와 반대되는 좋은 행위를 하기 위한 것이라고 생각한다. 그러나 붓다의 가르침에 따르면, 이는 완전히 핵심을 벗어난 것이다. 오히려 핵심은 언제, 어떻게 우리가 의도를 가지고 행하는지를 스스로 알아차리는 것이다.

우리는 대부분의 시간을 무언가 얻으려 하는 목적을 지닌 채 의도를 가지고 행동하는 경향이 있다. 그러나 자연은 의도적으로 행동하지 않는다. 붓다 역시 마찬가지다. 의도 없이 행동한다는 것은 전체에 근거하여 행동하는 것, 즉 전체를 봄으로써 행동한다는 것을 의미한다.

그러면 나쁜 일에 반하는 좋은 일을 왜 익힐수 없는가? 왜냐하면 확고하고 변하지 않는 선이나 악은 존재하지 않기 때문이다. 선과 악은 절대적인 것이 아니다. 그것은 우리 마음의 편향성뿐만 아니라 한정된 지식에 근거한 믿음이나 판단, 혹은 생각일 뿐이다.

우리가 처한 상황은 말을 잃어버린 어느 현명한 중국 농부의 상황과 비슷하다. 이웃사람들이 와서 그를 위로하였을 때, 그는 이렇게 말했다.

"좋은 일인지 나쁜 일인지 그 누가 알겠소?"

다음날 그의 말이 한 무리의 다른 말들을 이끌고 돌아왔을 때, 어리석은 이웃은 그의 행운을 축하하러 다시 찾아왔다.

농부가 말했다.

"좋은 일인지 나쁜 일인지 그 누가 알겠소?"

그 후 농부의 아들이 새 말을 타다가 다리가 부러지자, 어리석은 이웃이 또 다시 그를 위로하러 찾아왔다.

농부는 말했다.

"좋은 일인지 나쁜 일인지 그 누가 알겠소?"

전쟁이 일어나 군대에서 남자들을 징집했는데, 농부의 아들은 다리가 부러졌기 때문에 끌려가지 않았다. 어리석은 이웃이 이를 축하하러 왔을 때, 또 다시 농부가 말했다.

"좋은 일인지 나쁜 일인지 그 누가 알겠소?"

우리는 언제 이 이야기가 끝날지 예상할 수 있겠는가?

우리는 죽음이 가장 큰 불행인 듯이 알고 있지만, 우리가 아는 모든 것에 비춰볼 때 그것은 실은 가장 큰 축복일지도 모른다고 소크라테스는 지적하였다. 우리는 무엇을 선이라 부르고 무엇을 악이라 부를까? 선이나 악은 결코 우리의 선택이 아니며, 문제 조차 되지 않는다.

미국 남북전쟁 당시, 양측은 각자 신의 지지를 받고 있다고 주장하였다. 각자 자신들이 옳은 일을 하고 있다고 확신했다. "신은 같은 일에 대해 동시에 찬성하고 반대할 수는 없다"는 링컨 대통령의 말에서 충분히 그 의미가 잘 드러난다.

우리는 이 게임을 오래 하면 할수록, 스스로 더욱 더 착각에 빠질 뿐이다. 선과 악의 비교는 분명히 문제가 아니다. 거기엔 보다 근본적인 문제가 있다.

그러면 우리는 무엇을 찾고 있는가?

만약 선이라고 여기는 당신의 생각이 그밖의 다른 무엇에 반한다면, 당신이 선이라고 여기는 것이 절대적이거나 확실한 것이 아님을 알 수 있다. 선과 악에 대한 우리의 불안정하고 상대적인 생각 너머에 있는 무엇을 찾고자 하는 희망은, 오로지 보는 것에 달려 있다. 상대적 세계의 불확실한 이원성을 벗어나 살고자 한다면, 우리들 마음의 편향성, 즉 우리의 의도나 의지, 갈애 등을 관찰하는 법을 배워야 한다.

당신의 욕망을 없애려 하거나 막으려 애쓰지 마라. 그러면 오히려 욕망을 키우고 더 강하게 만들 뿐이다. 문제는 욕망을 죽이는 것이 아니라 욕망을 보는 것이다.

4장 사라짐

붓다의 가르침 중 세 번째 진리는 생겨나는 모든 것은 사라진다는 것이다. 따라서 두카도 생겨난 것이기에 역시 사라지게 되어 있다.

두카의 소멸, 즉 혼란·슬픔·상실의 끝이 열반(너바나 nirvana)이다.

붓다는 열반을 "생겨나지 않고, 자라지 않으며, 조건에 구애되지 않는 것"이라고 설명했다. 그는 말했다.

> (다시) 태어나지 않고 자라지 않고 조건에 구애되지 않는 것이 없다면, 태어나고 자라고 구애되는 자는(윤회의 사슬에서) 벗어날 방법이 없다. 하지만(다시) 태어나지 않고 자라지 않고 조건에 구애되지 않는 것이 있기에, 태어나고 자라고 조건에 구애받는 자는(윤회의 사슬에서) 벗어날 방법이 있다.

생겨나고 자라고 조건에 구애되는 것은, 당신 자신을 포함하여 당신이 생각할 수 있는 모든 것을 말한다.

주위를 돌아보자. 생겨나지 않고, 자라지 않고, 다른 것과 연관되어 존재하지 않는 것은 전혀 찾을 수 없으며, 상상조차 할 수 없다. 태어나고 자라고 조건에 반응하는 모든 것이, 우리가 사는 이 세상이라는 천을 짜서 엮어낸다.

그러나 붓다는, 태어나는 것도 아니고 자라는 것도 아니며 조건에 구애되지 않는 경험의 차원이 있음을 지적하였다. 이 조건에 제약되지 않는 절대적 국면은 직접적인 직관으로 가능하며 그것을 관념화하거나 규정지을 수 없고, 단지 볼 수 있을 뿐이다.

간단히 말해, 우리의 상황은 희망이 없지는 않다. 실제로 우리가 볼 수 있는 본질적이고 온전하며 참된 그 무엇이 존재한다.

거슬러 올라가 내가 암에 걸렸을 때, 암 환자인 다른 사람들을 종종 만나곤 했다. 우리는 언제나 공유할 것들이 많았다. 그러던 중 말기환자 한 사람과 친구가 되었다.

나는 병원에서 그를 찾곤 하였는데 어느날 유난히 모든 게 달라 보였던 특별한 밤이 기억난다. 그날은 병원이 보통 때보다 훨씬 더 조용하게 느껴졌다.

그 친구는 기계에 의지한 채 침대에 누워 있었는데, 한숨 소리가 몇 분마다 침묵을 깨곤 하였다. 그밖에 클래식 음악이 나오는 라디오 소리만 간신히 들려올 뿐 무척 조용했다.

나는 그의 침대 옆에 앉아 잠시 조용히 이야기를 나누었다. 대화는 대부분 침묵으로 이뤄졌다. 단지 라디오와 호흡기 소리를 제외하곤 조용하기 그지없었다.

그는 고통스러워했으며 내게 마사지를 부탁하였다. 나는 잠시 마사지를 해주었으며, 그런 다음 또 다시 얼마간 이야기를 나누었다.

한동안 침묵이 흐른 후, 그는 갑자기 손으로 얼굴을 감싸고 크게 숨을 헐떡였다. 마침내 마지막 순간이 그에게 닥쳐오고 있었다. 그는 거의 일 년 간 암과 싸워 오고 있었는데 그 순간 죽음의 현실을 결국 만나고 있었던 것이다. 마침내 그는 손을 떨어뜨리고 정면만을 응시하였다.

나는 그에게 말했다.

"우리가 어디로 가든, 언제나 변함없을 것입니다."

그는 어리둥절해하며 나를 보며 말했다.

"무슨 말인지?"

나는 몸짓으로 말했다.

“그냥 이렇게”

잠시 당황한 듯한 순간이 지난 후, 그의 표정이 바뀌더니 이해하는 듯 보였다.

그것이 우리가 함께 한 마지막이었다.

나는 죽음같이 고요한 방에서, 산소호흡기와 더불어, 잠시 더 그와 함께 머물렀다. 라디오 소리만 나지막하게 들릴 뿐이었다.

다음날 그는 숨을 거두었다.

어떤 사람들은 붓다의 가르침이 공허하고 허무주의적이라고 생각한다.

열반을 마치 고요한 망각의 바다로, 쉴 곳 없는 망망대해에 떠도는 회색빛 우울 속으로 빠져드는 것처럼 여긴다. 그러나 그것은 열반이 아니다.

우리가 보고 듣고 느끼고 생각하는 모든 것은 끝없이 흐르고 변하는 것이라는 사실을 기억하자. 변하지 않는 것은 아무것도 없다. 우리는 영원한 것을 갈망하지만, 그 어느 것도 영원하지 않기에 고통스럽다. 다만 이렇게 오고 가는, 이 끝없는 생겨남과 사라짐만이 있는 듯이 보인다.

우리는 모든 것을 움직임으로 경험한다. 사실 물리학자들은 물질이 말 그대로 단지 움직임에 지나지 않는다고 말한다. 우리가 그것을 어떻게 보든지 간에 우리의 경험은 항상 움직이고 변하고 있다.

이것은 우리의 몸을 포함하여 물리적인 세계에 존재하는 모든 것에도 적용된다. 모든 세포(사실은 모든 세포 내의 모든 원자)는 끝없는 생성과 소멸을 보일 뿐이다. 우리의 몸은 순간순간 재생되며, 어느 순간도 같지 않다.

우리의 마음도 마찬가지다. 마음도 끝없이 움직인다. 생각·느낌·판단·충동 등은 마치 꽃들이 계절에 따라 피고 지듯이, 생겨났다 사라진다.

열반은, 바로 이러한 사실을 철저하고 완전하게 보는 것이다.

우리는 상황을 있는 그대로 볼 필요가 있다. 실제로 우리는 온전한 정신이 아니거나 어리석은게 아니다. 단지 보고 있지 못할 뿐으로 우리가 보고 있는 것에 주의를 기울이지 않을 따름이다.

스스로를 개인 혹은 개체로서, 즉 시간 속에서 지속되는 독립된 존재로서 생각하는 경향이 있다. 그러나 사실 그렇지 않다.

우리가 나라고 부르는 것을, 붓다는 하나의 흐름으로 보았다.

만약 당신이 대부분의 사람과 같다면, 자신을 태어난 존재라고 생각할 것이다. 그러나 이 생각을 주의 깊게 살펴본다면, 자신이 존재하게 된 과정에 대해 직접적 경험을 전혀 갖고 있지 않다는 것을 알게 될 것이다. 과거를 거슬러 올라가 기억을 따라가 보자. 당신이 존재하게 된 때를 기억하는가?

물론, 당신은 출생과 함께 시작된 게 아니다. 그러면 당신은 언제 시작되었는가? 수정될 때인가? 그렇다면 정확히 수정은 언제 이루어지는가? 정자가 난자를 처음 만났을 때인가? 그러면 정자와 난자는 또 어떤가? 그들은 언제 시작되었는가? 당신의 부모와 함께? 그렇다면 당신 부모의 존재는 언제 시작되었는가? 그리고 그들의 부모는 그들 이전에 언제 시작되었는가?

사실 당신은 '존재하게 된 시점'을 실제적 경험으로 알아낼 수 없다. 모든 것은 그 정체성에서 그것 이전에 있었던 그 무엇을 포함한다. 그것은 그 이전의 조건에 따라 정해지며, 그 조건은 또 다시 그 이전의 조건에 따라 결정된다. 따라서 우리가 상상할 수 있는 한, 이는 계속된다. 달리 말해서 '존재하게 됨'이라는 개념에는 매우 이외의 모순적이며 규정되기 어려운 무언가가 있다는 것이다.

그럼에도 여기 실재가 있다. 여기 세상이 있으며, '스스로 그러하게' 있다.

이와 같은 문제는 우리가 생각해낼 수 있는 모든 경우에 나타난다. 예를 들어, 나는 컴퓨터로 이 글을 쓰면서 여기 앉아 있다. 그러나 내가 쓰는 글들이 언제 책이 되는가? 이 글을 쓸 때인가? 마지막 편집을 끝냈을 때인가? 원고를 출판사에 넘겼을 때인가? 아니면 인쇄된 페이지들이 제본되었을 때인가?

이 책이 언제 존재하기 시작한 것인가? 내가 처음 이 책을 쓰기로 생각하였을 때인가? 그렇게 본다면 이 책은 수십 년에 걸쳐 진행되어 온 것이다. 내가 처음 불교를 공부하기 시작하였을 때 이 책도 시작되었는가? 이 책이 근거하고 있는 식견은 2500여 년 전부터 있어 온 것이다. 사실 이 책을 쓰는 일은 수천 년 동안 수많은 이들의 노력과 탐구에서 결코 분리할 수 없는 것이다.

또한 끝은 어떠한가? 이 책(또는 당신과 나)은 어디서 끝나는가? 모든 것이 흐름이라고 한다면, 소멸되는 책(또는 당신과 나)과 같이 영속적인 것은 없다. 지금 그리고 어느 순간에도 이 책을 만드는 물질은, 언제나처럼 끝없는 변형을 겪고 있다. 그리고 이 책(또는 당신과 나)의 본질이 물질에 있지 않고 정신적·지적 차원에 있다면, 또 다시 우리는 시작도 끝도 없는, 오로지 계속되는 변화만을 발견하게 된다.

우리는 "태초에 신이…을 창조하셨다"와 같은 이야기를 들어왔다. 그렇다면 신은 어디에서 왔는가?

만약 모든 것이 진정으로 흐름이라면, 시작과 끝을 어디서 찾을 것인가? 우리는 현명한 농부에게 찾아가 위로와 축하를 교대로 반복하는 어리석은 이웃과 같다. 언제 그 이야기가 끝나리라고 기대할 수 있겠는가?

시작도 끝도 생각 밖의 일이다.

앞에서 논의한 세 가지 욕망에 대해 다른 각도에서 다시 살펴보도록 하자.

첫 번째, 감각적 쾌락을 위한 욕망은 단순히 우리 자신을 즐겁게 하는 욕망으로 볼 수 있다. 우리는 그저 행복하기를 원한다. 그러나 당신에게 사형선고가 내려져 있다면, 당신은 어떻게 행복할 수 있는가?

이것은 우리를 두 번째 욕망으로 이끈다. 우리는 죽지 않기를 원한다. 당신은 이 문제에 어떻게 대처하겠는가? 태어난 이상, 당신은 죽게 되어 있다. 이는 단순 명료한 사실이다. 그러나 우리를 꽉 붙잡고 있는 소멸에 대한 이 견해가 잘못된 것으로 판명된다면 어떻게 할 것인가? 실제로 그것은 혼돈에 기초한 견해일 뿐이라고 한다면? 그리고 만일 그것이 사실이라면 우리는 어떻게 그것을 알 수 있으며, 어떻게 우리를 그런 잘못된 견해로부터 자유롭게 할 수 있는가? 우리의 문제는 우리가 변화를 단순히 오고 가는 것으로 받아들이지 않는 데 있다. 그 대신 우리는 그것이 영속성을 갖고 있다고 생각한다. 그것이 단지 흐름과 변화만을 드러내는 직접적 경험에 반하는 것일지라도 말이다. 우리는 사물이 생겨나, 한동안 지속되다가 마침내 존재 밖으로 사라진다고 상상한다.

이런 식으로 생각하기 때문에 우리는 여전히 또 다른 욕망을 갖게 된다. 사라진 세계에 대한 욕망, 즉 우리의 사라짐을 어떻게 해보려는 욕망이다.

이 세 가지 욕망 모두 우리의 변화에 대한 혼란에서 일어난다.

붓다는 이 욕망을 끝내는 일에 관해 말씀하셨다. 그러나 우리가 이를 어떻게 할 수있겠는가? 그렇게 하려는 의도가 바로 또 다른 욕망은 아닐까? 그리고 하나의 욕망이 또 다른 욕망을 불러오는 것은 아닐까? 욕망이란 사그라들 수 없는 것처럼 보인다. 그러면 우리는 무엇을 할 수 있는가?

모든 연료를 다 태워버린 등잔처럼, 우리는 욕망의 불꽃에 기름붓는 일을 멈춤으로써 그 불꽃이 작아져서 꺼지게 할 수 있다. 붓다의 가르침은 이를 행하는 두 가지 방법을 제시한다. 첫째는 욕망을 줄이는 것이고, 둘째는 자신을 잊는 것이다.

개구리를 뜨거운 물에 빠뜨리면, 그 개구리는 뛰쳐나올 것이다. 하지만 만약 미지근한 물에 개구리를 처음부터 집어넣고 아주 서서히 온도를 올리면, 개구리는 죽을 때까지 거기 그대로 있을 것이다.

우리는 개구리가 아니다. 우리는 자신이 해로운 상황으로 너무 깊이 빠져들고 있을 때, 보고 알아차리는 능력을 지니고 있다. 우리는 본 것에 주의해야만 한다. 미끄러운 비탈 아래로 계속 내려갈 필요는 없다. 멈추고 돌아서서 다른 방향으로 향할 수 있다. 그러나 이것은 오직 자신의 상황이 어떤지 볼 수 있을 때만 가능하다. 위기로부터 이렇게 물러서는 일은 욕망을 줄이는 연습이다.

우리의 감각기관은 과도하게 사용하면 무감각해진다. 그러나 일단 감각이 무뎌지면, 완전히 무감각해지기까지 더욱 과도하게 사용하고자 하는 경향이 있다. 이것은 바로 중독성 마약의 잘못된 사이클과 같다. 우리가 경험하는 결과는 우리가 바라는 것과는 정반대다.

그러나 우리를 중독시키며 막다른 곳까지 몰고 가는 힘을 지닌 것은 단지 약물만이 아니다. 예를 들어, 새로운 천년이 시작되면서 우리는 위대한 예술 조차도 싫증나기에 이르렀다. 기술의 발달로 모든 것이 너무 흔해져버렸기 때문이다.

반 고흐의 '해바라기' 복사판을 볼 때, 우리는 더 이상 그 그림의 놀라운 생동감을 느낄 수 없다. 그리고 베토벤의 5번 교향곡을 백 번째 듣는다면, 그 곡에서 얼마나 큰 힘을 느낄 수 있겠는가? (베토벤 시대의 사람들은 그 곡을 듣는 것 자체가 매우 귀한 경험이었음을 기억하라.)

이런 상황에 우리는 어떻게 대처할 수 있을까? 우리의 욕망을 없애버릴 각오를 하여야 하는가? 욕망을 추하고 잘못되고 악한 것으로 생각해야 하는가? 물론 그렇지 않다. 이러한 접근은 단지 불길에 기름을 붓는 것과 같다.

그러면 우리는 무엇을 할 수 있을까? 무엇보다도 우리는 보아야 한다. 그런 다음 방향을 돌려 찬찬히 되돌아가야 한다.

우리가 스스로에 가해야 할 어떤 부담도 없다. 단순히 사물을 있는 그대로 봄으로써, 우리는 방향을 선회하기 시작한다.

자연은 스스로 제어하고 균형을 잡는다. 우리는 우리 생각에 따라 이것을 무시하는 경향이 있다. 하지만 우리는 보기 위한 의식적인 노력을 기울일 수 있으며, 또한 그 스스로 균형을 되찾게 할 수 있다. 보는 것으로 균형을 되찾는 일은 불에 손을 넣지 않는 것처럼 문제되지 않으며 어려운 일도 아니다. 욕망에 의한 행위가 어떤 결과를 가져오는지 볼 수 있을 때, 우리는 더 이상 어떠한 부담없이 자연스럽게 스스로 균형을 이루게 된다.

　욕망에 대처하는 다른 방법으로는, 욕망의 초점을 자신으로부터 벗어나게 하는 방법이 있다. 자아를 잊는 일은 우리가 홀로 존재하지 않으며, 다른 이들과의 관계·다른 생명체들·지구·우주와의 상호연관 속에서 존재한다는 사실을 기억하는 일이다. 다른 존재를 제어하기 위해 중심체로서 자신에게 초점을 맞추는 것이 아니라, 우리의 삶이 다른 모든 존재들의 삶과 (그리고 역동적인 우주의 모든 움직임과) 어떻게 긴밀하게 연관되어 있는지에 주목하는 것이다.

　우리는 자아를 잊을 수 있는 무한한 기회를 갖고 있다. 다음 세대를 위하여 나무를 심고, 시를 쓰고, 식사를 준비하고, 도자기를 굽고, 또한 당신의 상대편도 당신만큼 게임에 중요한 존재라는 점을 진심으로 이해하면서 함께하는 야구 등이 있다.

　일반적으로 우리의 욕망, 행동, 말, 생각 등은 어떤 특정한 목적을 이루려는 바람아래 통제된다. 그래서 이러한 노력들이 실패하면(계속 되면 반드시 그렇게 되게 된다) 우리는 고통스러워한다.

　붓다의 가르침은 우리에게 이러한 마음을 포기하라고 요구하지 않는다. 대신 우리가 원하는 대로 결코 남을 통제할 수 없음을 인식시키고 있다. 다만 이 사실을 볼 수 있을 때, 제어하려는 우리의 욕망은 자연히 약해지기 시작한다. 요점은 제어를 그만두려고 노력하거나, 제어하려는 욕망을 나쁘거나 잘못된 것으로 비난하는 것이 아니다. 현상을 있는 그대로 보는 것이며, 실제로 일어나고 있는 일을 인정하는 것이다. 그러한 인식과 인정을 통하여, 우리는 고통을 끝낼 수 있다.

제어하고자 하는 욕망의 중심에는 자아라는 인식이 있다. 그러나 봄으로써 이러한 인식에서 벗어날 수 있다. 없어져야 할 것은 자신에 대한 잘못된 인식이며, 우리는 애당초 있지도 않았던 그 무엇에 매달리는 일을 그만두어야 한다.

이에 대해 우리의 첫 번째 반응은 '그러나 대체 누가 그것을 원하겠는가?' 라고 나타날 수 있다. 그러나 이것을 자세히 살펴보면, 우리는 그 속에서 깊은 해방감을 발견하게 된다. 왜냐하면 우리를 가장 두렵게 하는 것이 사실 가공의 것이라면, 그때 그 실체없는 본성에의 깨달음은 가장 완전한 자유에 이르게 한다. 우리의 가장 큰 두려움은 우리 각자가 언젠가는 존재밖으로 사라질 것이라는 점이다. 그러나 처음부터 실체가 없었는데, 어떻게 그 무엇이 소멸할 수 있겠는가?

붓다는 다음과 같이 말하였다.

뱀을 밟은 줄 알고 두려움에 떨던 사람이 아래를 내려
다보고 나서 그것이 단지 밧줄임을 알아차린 후 웃는 것
처럼, 나는 어느날 내가 '나' 라고 부르는 것이 어디에도
없는 것임을 발견하였고, 그와 더불어 모든 두려움과 불
안이 오해와 함께 사라졌다.

붓다 가르침은, 우리 각자에게 이와 같은 근원적인 잘못에서
깨어나는 방법을 알려준다. 그리고 우리가 그처럼 깨어날 때,
마치 태양이 떠오르면 밤이 물러나듯, 두려움과 불안은 자연히
사라진다.

5장 보는 방법

팔정도(the eightfold Path)로 알려진 붓다의 가르침 중 네 번째 진리는 두카의 종식을 위한 인식과 실천을 제시한다.

가르침의 이 길은 A에서 B로 이르게 하는 것이 아니다. 이 길의 특성은 우리가 그것에 한 발 올려놓는 순간 길 전체가 한꺼번에 인식된다는 점이다. 매 걸음마다 우리의 지혜는 더욱 깊어진다.

팔정도의 여덟 가지 방식은 바른 견해〔正見〕, 바른 사유〔正思惟〕, 바른 말〔正語〕, 바른 행동〔正業〕, 바른 생업〔正命〕, 바른 노력〔正精進〕, 바른 마음가짐〔正念〕, 바른 선정〔正定〕이 있다.

이들 개별 항목을 살펴보기 전에, '바르다'라는 말의 의미를 먼저 생각해 보자. 붓다가 실제로 사용한 용어는 '삼마(samma)'였다. 삼마는 보통 '바르다'라고 번역되는데, 이때의 '바르다'란 그르다, 또는 나쁘다, 악하다라는 말의 반대 의미가 아니다. 보통 우리가 '바르다' 라고 말할 때, 우리는 이미 '그르다' 라는 의미를 내포하며 이원성을 수반하게 된다.

여기서 사용하고 있는 용어에 익숙하지 못한 사람들에게, 이원성은 단순히 왼쪽과 오른쪽, 어둠과 밝음, 좋음과 나쁨, 순수와 불순의 세계를 나타낸다. 그것은 무언가를 뒤쫓거나 어떤 것으로부터 도망치거나, 또는 당신이 나와 다르면 그때는 당신에게 잘못이 있다는 일상적인 세계의 심리적 배경이 된다.

분명히 이것은 붓다가 '삼마' 로서 말하고자 한 것이 아니다. 이 용어는 훨씬 더 미묘한 무언가를 나타낸다. 이 말은 '이것이 적절하다', '이것은 실재에 부합된다' 라는 식으로 이해하는 편이 더 낫다. 팔정도에서 '바른 것' 이 '잘못된 것' 에 반대가 아니듯이, '보는 것' 이 '보지 않는 것' 에 반대가 아니다. 그것은 우리 자신의 편견, 사고, 신념에 의해 현혹되는 것과 다르게 실재에 부합하는 것을 뜻한다. 삼마는 단편적이기보다 전체적으로 의미 되어진다.

그러므로 내가 앞으로 '바르다' 라는 용어를 사용할 때, 나는 그것을 잘못에 반하는 것이라기보다는 오히려 깨어남으로 이르는 무엇을 말하고자 한다.

팔정도의 첫 번째는 바른 견해다. 붓다에 따르면, 어떤 특정 견해에 매달리는 것은 실재를 고정시키는 것이며 세상을 그 생각 안에 가둬 두려는 것이다. 하나의 견해를 갖는다는 것은 어떤 장면을 바로 거기서 고정시키는 즉석사진과 같다.

우리가 일단 견해를 갖게 되면 오래지 않아 그 견해는 다른 견해와 강력히 부딪히게 될 것이다. 그 후 비슷한 견해를 지닌 사람들은 그들끼리 뭉치면서 전체는 점차 나뉘어 간다.

붓다가 바른 견해로 말하고자 한 것은 결코 이런 것이 아니다. 붓다의 견해는 얼어붙은 고착된 견해가 아니다.

붓다는 어떤 견해도 갖지 않았다고 주장하는 사람들도 있다. 그러나 그것은 옳지 않다. 붓다가 바른 견해로 말하고자 한 것은 특정한 어떤 견해에 사로잡히지 말라는 것이다. 그것은 생각, 관념, 믿음, 혹은 견해에 사로잡히지 말라는 것이다.

붓다의 견해는 실제로 삼라만상이 어떠한지 즉, 세상의 끊임없는 흐름의 관점에서 특별히 한가지 길만이 있지 않다는것이다. 결국 모든게 끝없는 움직임 안에 있다면 어떻게 한가지 길만이 있겠는가? 결코 단단히 굳어있지 않는 세상에 대하여 단단히 굳은 견해가 어떻게 옳겠는가?

우리에게 바른 견해를 제공하는 것은 세상에 관한 개별적인 사항이 아니라, 언제나 역동적인 전체로서의, 세상 그 자체다.

바른 견해는 전체적이며, 전체에 관한 것이다. 그것은 모든 것을 포함한다. 어느 것도 배제하지 않는다. 그러한 견해는 명백히, 어떠한 다른 견해와도 충돌하지 않는다. 사실 그럴 수도 없다. 그것은 이미 역동적인 세상을 '전체'로서 본 것이기에, 이에 반하는 다른 어떤 것도 생각해 낼 수 없다.

팔정도의 두 번째는 바른 사유다. 그것은 때때로 바른 결심, 바른 동기, 바른 생각이라 부르기도 한다.

소크라테스가 가르침을 받고자 찾아온 젊은이의 진정한 의도를 시험하는 이야기가 있다. 소크라테스는 이 젊은이가 진리를 추구하려는 뜻이 진정 있는지 알고 싶었다. 그는 그 젊은이를 강으로 데리고 가 먼저 물속으로 들어간 후, 그 젊은이를 따라 들어오게 했다. 물이 허리까지 차는 곳에 이르자, 소크라테스는 갑자기 그 젊은이를 붙잡더니 물속으로 밀어 넣었다. 자연히 그 젊은이는 몸부림치기 시작하였다. 그때 소크라테스는 그를 물에서 들어올리며 말했다.

"자네가 숨을 쉬기 위해 투쟁하듯이 진리를 구하기 위해 투쟁할 수 있을 때 다시 오게. 그때 자네를 가르치겠네."

이것이 바른 사유, 바른 결심이다.

사실 진리는 다른 누구로부터 배울 수 없다. 그것은 단지 자신의 결심을 통해서만 보여진다. 당신이 깨닫고자 하는 결심을 하지 않는다면, 스승이 해줄 수 있는 것은 아무것도 없다. 바른 결심은 머리카락에 불이 붙은 사람에 비유된다. 당신의 머리카락이 불에 타고 있을 때, 당신은 불을 끄기 위한 방법의 좋고 나쁨을 따지며 시간을 보내지 않는다. 머리카락이 타고 있을 때 지체할 시간이 없다. 어떤 선택을 하지 않으며 바로 행동한다.

팔정도 가운데 그 다음은 바른 말이다.

바른 말의 가장 분명한 형태는 거짓말하지 않는 것이다. 거짓을 피하는 도덕적 이유가 무엇이든, 진정한 몇 가지 아주 실제적인 이유가 있다. 팔정도는 당신의 마음이 너무 혼란스러워지는 것을 방지함으로써, 당신이 지금 여기에 있게 한다(결국 당신이 깨닫는 것은 오로지 지금 여기에서다). 만약 당신이 거짓말을 한다면, 당신의 마음은 산란해질 것이다. 이제 당신이 말했던 내용, 말했던 사람, 이야기가 누구에게 어떻게 발전해 갈 것인지 등을 계속 기억하여야 한다. 거기엔 끝이 없다. 깨어 있는 일은 점점 어려워지게 된다.

바른 말의 두 번째 요소는 거칠고 무례하게 말하지 않는 것이다. 그러한 말은 불필요하며, 품위가 없으며, 마음을 산란케 한다.

또 다른 면에서 바른 말은, 남을 나쁘게 말하지 않는 것과 쓸데없는 말을 피하는 것도 포함된다. 시시한 잡담이나 남을 비방하는 일은 분명히 깨어 있음으로 가는 길이 아니다.

팔정도의 네 번째는 바른 행동이다. 이것은 어디에도 구속되지 않은 마음, 딱딱한 사고의 틀 속에 굳어지지 않은 마음으로부터 생겨나는 행동이다.

팔정도의 다섯 번째는 바른 생업이다. 우리는 어떻게 이 지구상에서 다른 이들에게, 환경에, 그리고 우리 자신에게 해를 끼치지 않으면서 생계를 유지할 수 있을까? 물론, 붓다의 가르침이 인정하는 직업군이 따로 있지는 않는다. 오히려 어떻게 하면 열려 있는 마음, 통찰, 정직, 그리고 조화를 이루면서 삶을 영위할 수 있는지를 우리가 깨닫도록 도와준다.

팔정도의 여섯 번째인 바른 노력은 매순간과의 진지하면서도 지속적인 자신과의 약속이다. 이는 순간순간 우리의 단편적인 마음상태와 이원론적 사고에 대한 자발적인 포기이며, 또한 건전하고 선한 마음 상태를 북돋우는 것이다.

팔정도의 일곱 번째인 바른 마음가짐은 바른 노력과 밀접하게 연결되어 있다. 이것은 바로 우리의 진정한 문제, 즉 두카를 잊지 않는 것을 의미한다.

바른 마음가짐을 통해 우리는 자신에게 스스로의 마음 상태와 작용을 살펴보는 것은 물론 정기적으로 확인할 수 있으며, 우리가 순간순간 세상에 실제로 어떻게 관계하는지 확실히 알 수 있게 된다. 이러한 관찰과 자각을 통해 우리는 자신이 어떻게 각각의 정신 상태에서 움직이고 있는지 점점 이해할 수 있게 된다.

팔정도의 마지막은 바른 선정이다. 바른 선정은 마음을 모아 집중하고 중심을 잡으며 또한 정신차리게 한다. 8장에서 간단한 형태의 명상 방법에 대해 기본적으로 소개할 것이다.

팔정도 가운데 어느 것이든, 무조건 받아들여서는 안 된다. 이들을 시험해 보아야 한다. 자신의 삶에 적용시켜 과연 이것이 깨어 있음으로 가는 길에 도움이 되는지 아닌지를 스스로 살펴보아야 한다.

붓다의 가르침은 보는 것이지 믿는 것이 아님을 기억하자.

불교 계율이라 불리는 삶의 일반적 지침은 팔정도와 밀접하게 연관되어 있다. 이 계율은 구속이 아니다. 흔히 열 가지로 명시되기에, 십계명과 비교되기도 한다. 그러나 그것은 계명도 아니고, 더욱이 규범도 아니다. 그것은 좋아하고 싫어하거나 또는 근거 없는 생각, 일시적 기분에 사로잡히지 않고, 단순히 직접적 실재 안에서 사는 법에 관해서다. 특정한 행위를 규정하는 대신, 매순간 깨어 있으면서 보고 살아가도록 권하고 있다.

만일 당신이 도덕적 규범에 엄격히 따르고자 한다면, 오래지 않아 심각한 모순에 직면하여 현실적인 혼란에 빠지게 될 것이다. 진정한 도덕적 책임은, 매순간 깨어 있는 데 있다. 이것은 필연적으로 고착화된 규범과는 거리가 멀다.

예를 들어, 당신이 유태인 가족을 다락방에 숨겨주고 있다고 가정해 보자. 이때 두 명의 게슈타포 대원이 당신 집에 찾아와 당신에게 그 가족의 행방을 묻는다. 당신은 그들이 다락방에 있다고 말할 것인가?

이런 상황에서 가장 현명하고 자비로운 행동은 당연히 거짓을 말하는 것이리라. 하지만 당신이 '거짓말을 해서는 안 된다'는 절대적인 규범을 따라야만 한다고 느낀다면, "아, 그들은 위층에 있습니다"라고 말해야 할 것이다. 반면 당신이 규범에 얽매이지 않다면, 당신은 게슈타포 대원에게 그 가족이 친척을 만나러 다른 곳으로 갔다고 말할 수 있을 것이다.

물론 거짓말은 우리가 일상적으로 할 일은 아니다. 도덕적이기 위해서는, 자신의 마음 상태와 마찬가지로, 실제적인 상황도 제대로 볼 수 있어야 한다는 의미다. 도덕적인 것은 깨어있음으로 이르는 데 가장 큰 도움이 된다. 이것은 바로 계율이 말하려는 전부다.

만약 도덕적인 문제를 어떤 고정된 공식을 적용하여 관념적인 형태로 만든다면, 당신은 금세 곤경에 처하게 될 것이다. 그와 달리 상황을 있는 그대로 봄으로써 당신은 어떤 관념적인 공식에 의해서가 아닌, 실재에 근거하여 행동하게 될 것이다.

결국 규범이 아니라 주어진 상황과 마음의 편향성만이 있을 뿐이다.

두 번째 이야기

깨어 있음으로
이르는 길

6장 지혜

우리의 감옥은 우리 안에 있다. 그것은 우리 자신의 마음속에, 생각 속에 있다. 우리는 스스로를 자신이 만든 사슬에 묶어두며, 또한 서로에게도 그렇게 하고 있다. 우리 아이들에게도 어떤 것에 속박되도록 훈련시킨다.

이 모든 것은 무지(無知)에서 비롯된다. 우리는 우리가 어떤 존재인지 알지 못한다. 상황을 있는 그대로 알아보지 못하며,

아울러 어떻게 대처하는지도 모른다. 중국의 철학자 양주(楊朱)는, 우리가 어떤 것을 놓치는지 알지 못한 채 삶의 기쁨을 지나치고 있다고 지적하고 있다.

보통 우리는 길에 발을 내딛을 때, 그 길을 따라 어딘가로 가게 된다. 길 위에 발을 떼기 시작하여 계속 걸어가며 모든 게 계획대로만 진행되면, 목적지에 이르게 된다.

그러나 마음을 자유롭게 하는 길은 이것과 다르다. 이 길은 시작도 없고 끝도 없다. 그러므로 이 길은 어디로 이르게 하는 길이 아니다.

게다가 우리가 이 길 위에 발을 들여놓는 순간, 우리는 이미 길을 완전히 지나온 것이다. 길 위에 서는 것만으로 이를 완성하는 것이다. 나는 이것을 상징적으로나 은유적으로 말하는 것이 아니라 문자 그대로 말하고 있는 것이다. 그러나 먼저 우리는 그 길에 들어서야만 한다.

이것이 바른 견해다. 존재한다는 사실에는 이해하기 어렵고, 채워지지 않으며, 고통스러운 그 어떤 것이 있음을 적어도 희미하게나마 알아야 한다.

잘못되어진 삶이라면 제대로 하기위해 어떻게 할 것인가? 이

거대하고 명백히 무의미해 보이는 우주 속의 지적인 존재로서
우리가 진정 원하는 것은 무엇인가? 무엇이 우리의 공허한 아
픔에 답이 될 것인가? 돈? 명예? 섹스? 학력? 권력? 초고속 승
진? 파리나 뉴욕의 고급 아파트? 아니면 물이 흐르는 시냇가의
조용한 별장?

우리는 이들 가운데 어느 것도 답이 아님을 아마도 알고 있을
것이다. 사실 우리가 꼽는 어떤 대상도 기껏해야 일시적으로 욕
망을 잠재울 뿐이다. 마음에 깊이 자리한 아픔은 어딘가에 남아
사라지지 않는다.

끝없는 목마름을 무엇으로 채울 수 있을까? 그것이 평범한
욕망이 아니라면, 일상적인 답이 해결책이 되겠는가? 우리 자
신을 채워주고, 만족시켜줄 무언가를 찾는 것은 소용없는 일이
다. 우리는 그것이 효과가 없음을 이미 알고 있다. 만약 우리가
하나의 욕망을 채우면, 또 다른 욕망이 생겨나 그 자리를 대신
할 것이다.

여기서 다루고 있는 것은 질적으로 다른 유형의 문제다. 따라
서 다른 방법으로 접근해 보자. 일단 모두가 원하고 필요로 하
는 것이 무엇이든 먼저 확인하려는 노력은 그만두자.

대수학에서, 미지수를 일반적으로 a, b, y 등의 문자로 표

기한다. 우리가 진정으로 필요하고 원하는 것을 나타낼 때 이와 같은 방법을 쓸 수 있다. 그것을 x라고 부를 것이다. x가 해답이다. 그것이 무엇인지 모르지만, 모두가 진정으로 원하고 필요로 하는 것이다.

분명한 것은, 우리가 생각해 낼 수 있는 어떤 것도 우리를 결코 만족시킬 수 없다는 것이다. 그러므로 우리가 생각할 수 있거나 소유할 수 있는 그 무엇과는 다른 어떤 것을 찾고 있음을 우리는 알 수 있다. 잠시 우리는 우리를 진정으로 만족시켜줄 어떤 것이 있다고 생각하거나 믿기도 한다. 그러나 다음 순간, 우리는 또 다시 무엇인가 갈망하고 있는 자신을 발견한다. 그리고 곧 이어 의심이 다시 생겨난다. 정의 내린 바에 의해 x는 이와 같을 수 없다. 당신이 x를 확실히 이해하게 되면, 그것이 무엇일지라도, 당신은 결코 또 다시 무언가를 원하지는 않을 것이다.

그러나 우리가 자신을 만족시키기 위해 노력하는 눈에 보이는 대상과는 달리, 우리가 진정으로 원하고 필요로 하는 것은 찾아내기 어렵다. 왜냐하면 우리는 우리가 무엇을 찾고 있는지 알지 못하기 때문이다. 오히려 x는 그 스스로의 그물 속으로 헤엄쳐 들어가는 물고기와 같다.

우리가 할 수 있는 것은 그 그물을 걷어내는 일이다.

우리가 진정 원하고 필요로 하는 것은 결코 우리 마음에 하나
의 대상으로 나타나지 않는다. 그럼에도 불구하고 우리는 이미
'진리'와 '실재'(당신이 진정으로 원하고 필요로 하는 것)를 알고 있
다.

만약 우리가 자기 자신에게 그것이 무엇인지 말하거나 물어
보거나 무엇과 같을지 생각하지 않는다면, 그것은 곧 분명해질
것이다.

문제는, 우리가 실제로 아는 것에 주의를 기울이지 않는다는
데 있다. 우리의 생각(혹은 믿음)에 주의를 기울임으로써, 우리가
실제로 보는 것은 간과해 버린다.

무지에서 출발하기 때문에, 우리가 추구하는 바가 무엇인지
실마리를 찾지 못하는 것이다. 이와 같이 우리는 오랫동안 헤매
고 있다. 책에서, 교리와 의식에서, 그리고 신성한 대상이나 장
소에서 '진리'를 찾으려 할지도 모른다. 그러나 그런 것들은 결
코 우리를 만족시키지 못한다.

우리는 이것을 명심해야 한다. 진실로 우리를 만족시켜주는
유일한 것은, 우리 자신 안에서, 그리고 다른 사람들과 세상 안
에서 실재를 보는 것, 즉 실제로 일어나고 있는 것을 보는 것
이다.

붓다의 가르침 중 첫 번째 단계인 바른 견해는, 우리가 추구하는 것의 본질을 이해하는 것에서부터 시작한다. 우리는 우리 마음속에 하나의 대상을 형성하여 저 너머에 있는 것처럼 그려 놓고, 마치 어떤 이미지·개념·믿음이 진리인 것처럼 따르는 일을 그만두어야 한다.

진실은 이와 다르다. 그것은 믿거나 믿지 않거나 하는 대상이 아니다. 우리가 믿고 있는 것들은 언제나 진실에 못 미치며, 따라서 우리를 만족시키지 못한다.

보통 우리가 세상을 보는 시각은 믿음의 형태 내지는 세상을 우리 마음속에 고착시키는 하나의 방편에 지나지 않는다. 세상은 고정되어 있지 않기에, 이것으로 실체에 다가설 수 없다. 그럼에도 불구하고 우리는 마음속에 고정시킨 그것이 마치 실제인 양 여기며 계속 지키려 한다.

붓다가 바른 견해에 대해 말했을 때, 그는 고정되지 않은 견해를 뜻하였다. 바른 견해는 유동적이고 유연하며, 끊임없이 움직이는 것이다. 그것은 이 순간에 어떻게 이르게 되는지를 꿰뚫고 있음이다.

바른 견해는 실재를 전체적인 완전한 흐름 속에서 보는 것이다. 그러나 거기에 특별히 보여질 것이란 없다.

우리의 일상적 마음 상태에서는 모든 것이 왼쪽과 오른쪽, 좋고 나쁨, 위와 아래 등으로 나누어져 있다.

예를 들어 퓨마가 사슴에게 다가가고 있는 것을 볼 때, 우리는 사슴이 도망가도록 소리치고 싶다. 그리고 퓨마가 사슴에게 덤벼들 때, 우리 마음은 온통 사슴에게로 향한다.

그래서 마침내 사슴을 보호할 방법을 찾는다. 사슴이 퓨마가 주위에 있는 것을 알아차리도록 퓨마에게 방울을 달아 놓는 것이다. 그 결과 퓨마는 먹이 찾는 데 어려움을 겪다 굶어죽는다.

이렇게 되면 사슴의 수를 제한시켜주던 퓨마가 사라지게 되어 사슴의 수가 급증한다. 머지않아 사슴은 그 지역의 환경이 지탱할 수 있는 개체수를 훨씬 넘어선다. 사슴은 과도하게 풀을 뜯어 먹고, 나무의 껍질을 벗겨내고 관목의 잎사귀들을 먹어댄다. 그리고 무제한적인 증가로, 결국에는 사슴도 굶어죽기 시작한다.

우리는 우리가 자비를 행하고 있다고 믿는다. 그러나 자비는 지혜와 함께 균형을 갖춰야 한다. 우리가 실재를 보지 못하는 만큼 자비로운 행동도 헛되게 된다.

만약 우리가 전체의 흐름 안에서 실재를 볼 수 있다면, 사슴뿐만 아니라 퓨마도 볼 수 있을 것이다. 우리는 이 둘이 빈틈없이 완전한 전체의 부분을 이루면서 서로 조화롭게 어우러져 있는지를 볼 수 있을 것이다.

의사인 친구가 엄청난 양의 공부로 허덕였던 의과대학 시절에 관해 이야기한 적이 있다. 어떤 교수는, "여기, 너희가 꼭 알아야 할 내용이 있다"라고 강의 내용을 일목요연하게 만들어주는데, 학생들은 이런 교수를 좋아했다고 한다. 한편 어떤 상황에 두 가지 혹은 그 이상의 (모순적이기도 한) 견해를 제시하는 교수들도 있었지만, 학생들은 이런 교수를 싫어했다고 한다.

그 친구는 말했다.

"나도 그러했지만. 어떤 사람들은 이렇게 생각하고, 또 어떤 사람들은 저렇게 생각한다고 하는 말을 누가 듣기 좋아 하겠는가? '이것은 무엇이다' 라고 규정지어 주는 것이 훨씬 받아들이기 쉽거든."

그러나 그는 세월이 지나 의사로서의 경험을 쌓아가면서, 일목요연하게 잘 짜여진 견해는 대부분 잘못된 것임을 깨달았다고 하였다. 그들은 체계에 들어맞지 않는 내용은 모두 잘라버린 것이었다.

애석하게도 우리는 살아가면서 모든 분야에 걸쳐 이와 같은 일들을 되풀이하고 있다. 우리는 뉴스에서도 이런 상황을 계속하여 접하고 있다. 매우 복잡한 사안에 관해서도 아주 단정히 잘 짜여진 정보들을 얻는다. 누가 나쁘고 누가 착한지, 누가 희생자고 누가 가해자인지를 듣게 된다.

우리가 모든 것을 이렇게 잘 포장된 꾸러미로 만드는 이유는 무엇일까? 우리가 원하는 것은 혼란스럽지 않은 것이다. 우리는 알기를 원한다. 모든 것을 잘 포장하면 실제로 무엇을 안다고 착각하게 된다. 우리는 왜 TV의 자극적 단순함에 사로잡히는가? 그것은 우리가 진실과 실체를 마주하기 두려워서가 아닐까?

우리는 모든 것이 잘 분류되어, 이것은 이렇고 저것은 저렇다고 깔끔하게 정리되는 것을 좋아한다. 일단 세상이 가지런해 보이면 편안함을 느낀다. 내 친구의 경우처럼, 다시 만나서 "잠깐, 무언가 혼란스러워. 세상이 전혀 이해가 안 돼!"라고 말할 때까지는 말이다.

이렇게 우리는 알지 못하는 가운데, 두카에 이르고 만다.

우리가 흔히 안다고 여기듯이 잘 알지 못한다는 사실도 받아들여야 한다. 다음 그림을 보자.

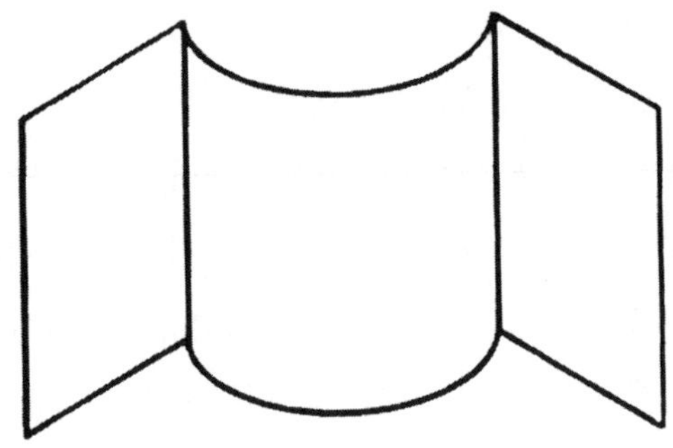

이것은 오목한 것인가 볼록한 것인가? 만약 이것을 오목한 것이라고 한다면, 우리는 이미 하나의 견해를 가진 셈이다. 그리고 하나의 견해를 이미 가졌기 때문에 다른 견해, 즉 볼록한 것일 수도 있다는 사실을 놓치게 된다.

그리고 만약 볼록한 것이라고 말하더라도, 같은 실수를 한 것이다. 똑같은 불완전한 상황에서 단순히 반대의 입장을 취한 것뿐이기 때문이다.

마찬가지로 둘 다 맞다고 할 수도 있다. 그러나 물론 이것은 둘 다 어느 것도 아니다(결국 이것은 실제로 볼록한 것도 아니고 오목한 것도 아니다. 단지 평면적인 그림일 뿐이다).

바로 이것이 우리가 흔히 세상을 대하는 태도다. 어떤 해석에 매달리는 바로 그러한 태도가 우리로 하여금 무언가를 놓치게 만든다. 고정된 견해를 가지려 하는 바로 그 태도로 인해 실재의 부분을 지나치게 된다. 우리가 계속해서 놓치고 있는 것은, 관찰해야 할 고정된 대상이 결코 존재하지 않는다는 사실이다. 마찬가지로 고정되어 있고 명확히 정의되는 관찰자도 존재하지 않는다는 것이다.

실제로 일어나고 있는 것은 완전한 흐름뿐이다. 만약 진실로 이 사실을 볼 수 있다면, 우리는 틀을 짜고 정의 내리고 믿음을 고집하는 일을 그만둘 것이다. 우리는 모순에 빠지지 않는 자유로운 마음의 흐름을 갖게 되고 특별한 것에 대한 집착, 교만, 성급함, 독단 등으로부터 자유로울 수 있다. 우리는 모든 것의 자유로운 흐름에 편안해질 것이다. 정말 우리는 마음의 흐름 그 자체가 된다. 상상조차 못 하던 것을 받아들이는 능력을 갖게 된다.

바른 견해는 아무것도 빠뜨리지 않으며, 특별한 무엇을 내세우지도 않는다. 대신, 매순간 실제 경험으로 향한다. 우리가 매순간 자유로울 수 있는 유일한 길은, 바로 그 순간이 되는 것이다.

보통 우리는 바깥세상뿐만 아니라 자신에 대해서도 고정된 견해를 지니고 있다. 우리는 스스로를 실제 어떤 무엇이라고 생각한다. '나는 신경질적인 타입이야', '나는 수줍음이 많고 내성적이야', '나는 언제나 손을 쓰면서 말을 해, 그게 바로 나의 방식이야' 등으로 분류한다. 단순히 우리는 집단, 행동, 습관, 믿음과 자신을 동일시한다.

민족에 대한 강한 정체성으로 인해, 나는 스스로를 노르웨이 인으로 여기며 자랐다. 아마 고등학생이 되어서야 다음 사실을 깨달은 것 같다.

'잠깐, 나는 노르웨이 인이 아냐! 난 미네소타에서 태어나고 자랐어. 노르웨이 어를 한 마디도 못 해. 노르웨이에 발을 들여놓은 적도 없는데 내가 어떻게 노르웨이 인이 될 수 있지?'

요즈음 내가 승려라는 사실을 안 사람들은, 비록 그들이 불교에 대해 잘 알지 못하면서도 내가 어떠할 것으로 앞서 생각한다. 예를 들어, 사람들은 흔히 내가 엄격한 채식주의자라고 여긴다. 나는 집에서 고기를 요리하거나 먹지는 않지만, 손님으로 가서 대접받을 경우에는 먹는다(붓다도 고기를 대접받았다면, 피하지 않을 것이다. 그는 단지 그 동물이 자신을 위해 희생되는 경우에만 고기를 거부하였다).

때때로 사람들은 내게 "저 역시 불교도입니다"라고 말하며 내가 그 사실에 기뻐해주기를 기대한다. 그러나 사실 붓다의 가르침을 30여 년 공부하고, 승려가 된 이후에도, 엄격한 수행과정을 거친 이후에도, 나 자신을 불교도라고 생각하지 않는다. 비록 내가 붓다의 가르침을 공부하고 가르치는 사람이긴 하지만, 나 자신을 이와 동일시하지 않는다. 이따금 승려로서, 한 인간으로서, 불교도로서, 아들로서, 친구로서, 어쩔 수 없이 나서야 할 때가 있기도 하다. 그러나 대부분은 불교도로 나설 이유가 거의 없다.

우리는 정체성에 집착할 때, 감정을 해치기 쉽다. 실은 우리가 스스로의 기분을 상하게 하는 것이다. 우리는 자신을, 보고 생각하고 느끼고 반응하는 데 있어 아주 경직된 방식 안에 가두고 있다.

이렇게 해서는 안 된다. 사실 나는 특별한 무엇이 아니다. 당신도 그러하다. 그 누구도 마찬가지다.

우리가 자신에게 가하는 또 다른 속박은 'A는 B를 의미한다'라는 개념이다. 이것이 세상을 일괄하여 뭉뚱그리는 간결한 방식이다. 그러나 이것이 저것을 의미한다는 것이 과연 가능한가?

세상에 대한 이러한 고정되고 틀에 짜인 방식은 우리에게 수많은 설명을 제시하고는 있지만, 그 중 어느 것도 실재 그 자체를 대신할 수 없다. 그리고 그 어느 것도 마음의 아픔을 잠재울 수 없다.

사실, 실재는 설명될 필요가 없는 것이다. 진실과 실재는 스스로 명백하다. 그렇다면 실제 있는 그대로의 세계에 관해 설명한다는 것이 무슨 의미가 있겠는가? 우리와 분리될 수 없는 세계(우리의 객관적 대상이 될 수 없는 세계)에 대해 무엇이라 말할 수 있겠는가? 실체를 붙잡아 그것을 캡슐에 넣으려 하는 순간 우리는 자가당착과 혼란, 다툼, 의심, 갈등에 빠지게 된다.

우리는 이러한 잘못을 반복적으로 저지르고 있으며 또한 스스로가 잘못하고 있다는 사실조차 거의 알아차리지 못한다. 대신, 언제나 더 상세하고 복잡하며 정형화된 캡슐화를 추구한다. 그러나 어떠한 개념과 하나 되기 위하여 실제의 경험을 부정하는 것이 대체 무슨 의미가 있겠는가?

우리의 지성으로 실재를 이해할 수 없다. 우리는 그것을 어떤 견해 속에 넣을 수 없다. 실재를 어떤 고정된 틀 안으로 끌어들일 수 없다. 모든 설명은 일시적인 것에 불과하며 실제 움직임과 흐름에 대한 고착된 틀에 불과하다. 즉 만약 당신이 실재가 어떠하다고 생각할 수 있다면, 실재는 그렇지 않다고 확신해도 좋다. 실재는 단순히 개념적인 형태 속으로 들어갈 수 없으며 유추를 통해서조차도 불가능하다. 실재는 결코 개념 안에 들어맞지 않는다.

그럼에도 실재는 우리가 볼 수 있는 어떤 것이다. 그것을 말로 나타낼 수 없지만 지각할 수 있다.

예를 들어, 두 살 때의 당신 사진을 가리키며, "이 아이가 당신입니까?" 하고 묻는다면 무엇이라 답하겠는가? 당신이 신중하다면, 모순에 말려들지 않고 내가 묻고 있는 질문에 대해 개념적 실마리를 찾기 어렵다는 것을 보게 될 것이다. 나는 수년에 걸쳐 수백 명의 학생들에게 이 질문을 해왔다. 그리고 이 질문에 대한 대답은 거의 예측 가능해졌다. 대부분은 주저하지 않고, "네, 그게 접니다"라고 말한다.

그러나 내가 그들은 더 이상 아기가 아니라고 지적하면, 보통 교실은 조용해진다. 잠시 후, 단 하나의 소리가 변함없이, "그건 나였습니다"라고 외치게 된다.

그러나 어떻게 변하고도(현재의 당신과는 다른 무엇이 되고서도) 여전히 당신일 수 있는가? 우리는 '나'라는 말이 무엇을 가리킨다고 가정하는가? 우리가 노력하면 할수록 우리는 실제 경험 안에서 '나'에 대하여 가능한 그리고 정의될 수 있는 어떠한 것도 찾지 못할 것이다.

명백한 사실은, 우리가 개념적인 틀 속에 무언가를 집어넣는 순간, 스스로 모순에 빠진다는 것이다. 그럼에도 우리는 언제나 지금 일어나고 있는 일을 볼 수 있다. 그 자체로, 모든 것은 완벽하고 분명하다. 이 순간에 존재하는 것은, 한 아기의 사진과 어떻게 저것이 이것이 될 수 있는지를 곰곰이 생각하고 있는 이미 다 커버린 한 사람이다.

우리는 습관적으로 개념에 매달림으로써(이 경우에는 '나') 본래의 실재를 놓친다는 것을 알아차리지 못한다. 개념화는 피할 수 없는 모순을 만들어낸다. 그러나 실재가 모순적이라는 의미가 아니라 하나의 개념적인 틀에 들어맞지 않을 뿐이다.

물론 개념이 생각할 수 있는 유일한 대상은 아니다. 하나의 개념은 그 주위에 막을 지니며, 어떤 것을 다른 것과 구분짓는 일종의 경계라고 볼 수 있다. 물리적 대상으로 생각하는 것들조차도 실제로는 개념이다. 예를 들어, 당신은 책이라 부르는 것을 보고 있다. 당신은 그것을 다른 것과 구별하여 생각하기 때문에, 책으로 생각할 수 있다. 그러나 사실, 우주 안에서 그 책은 다른 모든 것과 밀접하게 연관되어 있다.

잘 알려진 베트남의 선사 틱낫한은 우리에게 이 책은 단순히 책만이 아니며, 그것은 또한 태양이기도 하다는 것을 일깨워주곤 한다. 결국 태양이 없으면 종이를 만드는 데 필요한 펄프를 생산하는 나무가 자랄 수 없을 것이다. 그리고 2세기에 종이를 발명한 채륜(蔡倫)이나, 15세기 인쇄기에 활자를 적용시킨 요한 구텐베르크, 그리고 내 컴퓨터를 발명하고 프로그램한 사람들, 그리고 그들의 스승을 가르친 사람들 모두를 빼놓을 수 없다.

그리고 또 다른 모든 것들도 나무와 태양, 그리고 창의적인 인간의 정신과 서로 결합되어 있다. 우리는 언어, 시간, 흙, 식물, 동물, 감정, 사고 등을 무시할 수 없다. 심지어 비, 별, 은하계를 잊을 수 없다. 정말 정신적으로 물질적으로 이 책과 연관되지 않았다고 할 수 있는 것은 아무것도 없다.

그렇다면, 우리가 '책'이라 부르는 것은 과연 무엇인가?

널리 알려진 선에 관한 일화에서, 중국의 양무제는 보리달마(菩提達磨) 선사에게 물었다.

"당신은 누구시오?"

보리달마가 대답했다.

"모릅니다."

거기에 어떤 정체성도 없다. 보리달마는 실재를 보았으며, 어떤 이름을 가진 대상으로 보지 않았다. 달리 말하면 바른 견해는 관찰하는 사람의 눈에 있지 않다. 바른 견해를 보는 자가 따로이 있는게 아니다.

팔정도의 두 번째 단계인 바른 사유는, 붓다와 아직 깨어 있지 못한 우리를 가장 잘 구별시켜준다. 왜냐하면 깨어 있는 순간에는 모든 일상사에 아무런 의도를 지니고 있지 않기 때문이다. 깨어 있는 사람의 의도는 단순히 깨어 있음뿐이라고 할 수 있다.

만일 우리가 고통과 혼란의 사슬을 끊고자 한다면, 우리가 바라는 바는 오직 깨어 있으려는 것뿐이어야 한다. 그러나 조금이라도 깨어 있음으로부터 무언가를 얻으려 한다면, 이것은 이미 망상이다. 우리는 깨어 있음으로부터 아무것도 얻지 못한다. 깨어 있음은 그냥 깨어 있음일 뿐이다. 그리고 만약 당신이 깨어 있다면, 자신에게나 남에게 해를 끼치지 않는 방식으로 행동하고 말할 것이다.

물론, 바로 다음 순간에도 우리는 또 다시 깨어있어야만 한다. 이 순간으로 계속 돌아와 있어야 한다.

그러므로 바른 사유는 단지 이 순간으로 돌아오는 것이며, 무언가를 얻으려는 생각 없이 그냥 지금에 있음이다. 여기 있으면서 또한 무엇을 얻으려는 생각을 동시에 할 수는 없다. 지금 여기 있는 것만으로 충분하다.

붓다가 되기 위해(선을 수행하는 사람들에게 흔한 경우로서 깨달은 자가 되기 위해) 좌선을 하던 어떤 구도자에 관한 일화가 있다.

스승이 그에게 다가와 물었다.

"무엇을 하고 있는가?"

그가 대답했다.

"붓다가 되기 위해 좌선을 하고 있습니다."

스승은 기와 하나를 집어 들고 그것을 갈기 시작했다. 제자가 물었다.

"무엇을 하고 계십니까?"

"이 기와를 갈아서 거울을 만들려고 한다."

"아무리 간다고 해도 기와가 거울이 될 수는 없습니다."

"아무리 오랜 좌선도 자네를 붓다로 만들지는 못할 것이네."

우리는 명상이 무엇을 위한 수단이라고 생각하고 접근해서는 안 된다. 사실, 명상은 깨어 있으려는 의지에 다름아니다.

명상을 위해 정해진 시간을 갖는 것은 중요하다. 그러나 단지 명상을 위해 시작종이 울리기를 기다리는 특정 장소에 갔다고 해서 우리가 명상에 들었다고 생각해서는 안 된다. 잠시 명상을 하다가 다시 종이 울리면 끝나는 그런 것이 아니다. 그것은 시작도 끝도 없는 것이다. 적어도 종과 함께 시작되고 끝나는 것은 아니다.

명상은 깨어 있음에의 의지와 더불어 시작하고 끝난다. 만약 당신이 깨어 있으려는 의지를 잃는다면, 더 이상 명상 속에 있다고 할 수 없다. 당신이 명상하고자 한다면 바로 지금 명상해야 한다. 명상은 간단히 여기, 지금 있는 것이다. 만약 명상하고자 한다면, 지금 명상하라. 지금 이 책을 읽고 있을 때에도.

당신이 원하는 것이 단지 깨어 있는 것이라 하더라도 당신은 깨어 있음이 무엇인지, 무엇을 해야 하는지 모른다. 당신은 깨어 있음에 대한 어떤 생각을 만들고 그 후 그것을 얻기 위해 시작할 수는 없다. 깨어 있음은 그런 것이 아니다. 당신이 깨어 있기를 원한다면, 반드시 지금 깨어 있어야 한다. 지금 이 순간으로 오라. 무엇이 일어나고 있는지를 알아차려라. 바로 지금 당신의 의도를 알아차려라. 당신이 이 순간에 있고자 한다면, 이 순간에 깨어 있어라. 그것이 전부다. 그것은 매우 간단하다.
만약 당신이 이것에 대해, 즉 깨어 있음이 무엇인지 거기에서 무엇을 얻으려 하는지 등의 생각을 갖고 있다면, 이미 망상, 상상 또한 일상적인 세상사와 다를 바 없다. 바른 의도는 아무 의도를 갖지 않는 것과 같다. 다른 무엇을 위해 사용하고자 의도하지 않는다. 사실 그렇게 하는 것은 불가능하다. 깨어 있고자 하는 유일한 이유는 깨어 있음 바로 그것이다.

우리가 깨어 있음으로부터 아무것도 기대하지 않는다면, 무엇 때문에 깨어 있어야 하는가? 당신은 깨어 있지 않음이 무엇인지를 이미 알고 있다. 그것은 혼란이며 고통이다. 그것이 두카다. 우리가 그것에 싫증을 느낀다면 왜 그것을 그만두지 않는가? "그러나 그것 역시 무언가 얻기 위함이 아닌가?" 하고 우리는 묻는다.

우리는 의사를 찾아가 자신의 등 뒤로 오른손을 뻗쳐 왼쪽 팔꿈치를 잡으려 애쓰며 아프다고 호소하는 사람과도 같다.

우리는 결코 아픔을 불러오는 행위를 원하지 않지만 무지와 습관에서 아픔을 가져온다. 일단 무엇을 하고 있는지 본다면 이를 그만 둘 수 있다.

바른 사유는 한마디로 마음이 치우치지 않는 것을 의미한다. 일상적인 마음은 저 너머에 무언가가 있다고 생각한다. 그것을 원하고 얻기 위해 노력하거나, 혹은 그것을 싫어하고 멀리하고자 시도한다. 우리의 마음이 어떤 것에 기울거나 그것을 멀리하려는 만큼 애착과 반감이 존재한다. 이러한 치우침이 우리의 마음 상태를 나타낸다.

마음은 단지 명예, 돈, 성 등과 같은 명백한 대상에 대해서만 치우치는 것이 아니라 어떤 것으로도 치우칠 수 있다. 심지어 여기에는 치우침에 종지부를 찍고 싶은 갈망도 포함된다. '그래, 나는 깨달음을 원하고 있어!' 이것 역시 하나의 치우침이다.

우리가 진실로 원하는 것은 어느 쪽으로도 치우치지 않은 마음이다. 그렇다면 우리는 어떻게 해야 할까? 이렇게 생각할지도 모른다. '좋아. 내 마음을 바르게 할 거야.' 그리고는 마음을 기울지 않게 만들기 위해 애쓸 것이다. 그러나 이것 역시 치우침이다.

마음은 제어되지 않고, 치우치지 않으려 노력하면 할수록 더 큰 치우침이 될 것이다. 그렇다면 마음의 치우침을 끝내기 위해 과연 어떻게 해야 하는가? 그저 지금 일어나는 일에 주의를 기울여라. 이 순간을 주시함으로써 자신의 마음에 주목하는 것이다. 우리는 자신의 마음이 한쪽으로 치우치는 것을 보고 있다. 이 치우침이 어떻게 생기는지를 보라. 치우침이 진실로 무엇인지 알게 되면, 이를 멈추려 애쓰는 일이 더 치우치게 하는 것임을 깨닫게 될 것이다. 매순간 실제로 일어나는 일을 주시한다면 우리의 마음은 이미 치우침이 줄어들기 시작한다.

우리는 우리의 마음을 기울지 않게 할 수는 없다. 적어도 직접적으로는 하지 못한다. 그러나 매순간 실제로 일어나는 일을 주시할 때, 마음은 저절로 바로 세워진다.

7장 도덕성

사무엘 존슨(Samuel Johnson)은 우리가 가르침을 받는 것보다는 좀 더 자주 일깨워질 필요가 있다고 말했다. 팔정도의 세 번째인 바른 말의 실천에 관한 붓다의 말씀은, 우리 모두가 이미 알고 있는 것을 다시 상기시켜준다.

그들은 사실을 말하며, 진리로 향한다…. 그들은 자신의 이익을 위하여 다른 사람을 결코 속이지 않는다…. 여기서 들은 것을 저기 가서 전하여 불화를 조장하지 않는다…. 그리하여 그들은 분열된 사람들을 화합하도록 북돋아 하나 되게 한다. 화합은 그들을 기쁘게 하며, 그 안에서 즐거움을 누린다. 그들이 그들의 말에 의해 퍼지게 하는 것이 바로 화합이다. 그들은 거친 말을 피하고, 부드럽고 감미로우며 사랑스럽고, 마음에 와닿고, 예의 바르고, 친절한, 그리고 많은 이들이 공감할 수 있는 말

실제로 붓다의 가르침은 대부분 이처럼 우리에게 익숙한 것
들이다. 그럼에도 우리는 이미 알고 있는 것을 다시 일깨울 필
요가 있다.

바른 말의 요체는 무엇인가? 그것은 우리 자신을 일깨우는
것, 끊임없이 우리 스스로를 이 순간으로 되돌려 놓는 것이다.
그것은 단지 우리 자신만을 위해서가 아니라 다른 사람들을 위
한 것이기도 하다. 그것은 우리를 혼란과 구속에서 벗어나게 하
는 것이며, 정말 일어나고 있는 일을 보게 하는 것이다.

붓다는 어떠한 계율도 제시하지 않았다. 우리가 '거짓말을
하지 말라' 는 말을 하나의 규범으로 적용하려 한다면, 당신이
다락방에 죄 없는 가족을 숨겨주고 있는데 게슈타포 대원들이
문을 두드릴 때, 어떻게 해야 하는가? 만약 '거짓말을 하지 말
라' 는 말이 절대적인 규범이라면 우리는 깊은 도덕적 혼란에

빠질 것이다.

하지만 깨어 있는 자는 단순히 그들만의 개인적인 진리에 따라 산다는 의미가 아니다. 붓다의 가르침은 그의 진리거나 당신의 진리, 나의 진리, 또는 다른 이들의 진리에 관한 것이 아니다. 붓다의 가르침, 즉 깨어 있는 자의 가르침은 진리에 관한 어떠한 생각을 갖기에 앞서, 직접적으로 진리 그 자체를 보는 것이다. 그것은 어떤 것은 해야 하고 어떤 것은 해서는 안 된다는 꽉짜인 프로그램이 아니라, 일어나는 매번의 특별한 상황에 따르는 것이다. 우리는 삶의 딜레마와 불확실, 모호함을 해결하기 위해 고착된 규범을 사용할 수 없다. 규범은 어떤 규범이든 상대적이며 모순을 내포한 문을 향할 따름이다.

그럼에도 우리는 각자의 상황에 도덕적으로 무엇이 적합한지를 알 수 있다. 우리는 어떤 행동과 말이 사람들을 증오와 혼돈, 어려움, 고통의 상황으로 쉽게 이르게 하는지 알 수 있다. 그리고 우리는 어떤 말과 행동이 그렇게 하지 않는가도 알 수 있다. 그것은 모두 우리의 의도에 달려 있다. 우리의 의도가 오도하고 과장하고 남을 속이려 하는 것인가, 아니면 깨어있고자 하는 것인가?

바로 여기에 바른 말의 핵심이 있다. 주어진 순간에 언제나 우리의 눈은 반드시 우리가 처한 상황을 온전히 있는 그대로 볼 수 있도록 열려 있어야 한다. 우리의 의도(그리고 그 의도로부터 일어나는 행동, 말, 생각)는 자신의 혼돈에서 벗어나고자 하는 것이다. 이를 위해서는 어느 하나를 다른 것과 대립된 것으로 보지 않는 자세가 필요하다.

바른 말은 아무것도 배제하지 않는다. 그것은 모든 것, 즉 게슈타포·쫓기는 가족·당신 자신·당신이 살고 있는 세상 모두를 포함한다.

바른 말은 판단이나 분별적 사고에 의지하지 않는다. 우리는 판단을 하면서 모든 것을 저울질하며, 자신의 생각을 어떤 개념적 틀에 근거하여 정리하려 한다. 예를 들어 게슈타포는 본질적으로 나쁘고 다락방에 숨어 있는 가족은 선하다는 등의 생각 같은 것이다.

이것이 바로 우리들을 곤란에 빠뜨리며, 게슈타포와 도망자 둘 다를 만들어내는 사고방식이기도 하다.

그 대신 우리는 단순히 상황을 명료하게 보면서, 그것이 어떤 상태며 우리가 얼마나 혼란에 빠져 있는지를 봐야 한다. 그래야만 깨어 있음으로 향하는 방식으로 말하고 행동할 수 있다.

또한 자신이 의도하는 바를 똑바로 보아야 하는데, 그렇게 함으로써 어떤 특정한 목적을 이루기 위한 욕망에서 언제 한쪽으로 치우친 마음으로 말하고 행동하는지를 알 수 있게 된다. 바른 말은 우리의 의도와 관련된다. 당신은 세상과 다른 사람들을 당신 뜻대로 만들기 위한 말을 하는가? 아니면 자신과 다른 사람들을 깨어 있게 하기 위한 말을 하는가?

남의 말을 들을 때도, 깨어있음이란 같은 문제가 대두된다. 그러면 듣는 자로서 당신은 어떻게 해야 하는가? 바른 말에 관한 붓다의 말씀을 다시 보도록 하자.

> 그들이 여기서 들은 말을 저기 가서 누설하여 불화를 일으키지 않는다…. 그리하여 그들은 나누어진 사람들을 다시 모으며, 화합하게 한다.
> 화합은 그들을 기쁘게 하며, 그 속에서 즐거워한다. 스스로 널리 퍼지게 하는것은 바로 화합이다.

지금 당신이 다른 사람의 말을 듣고 있다고 가정하자. A가 당신에게 B에 관한 이야기를 한다. 당신은 남의 말을 듣는 사람으로서 단지 듣기만 했는가? 당신은 자신이 생각하거나 믿고 있거나 결정한 것과 다른 무엇을 새로 알게 되었는가? 당신은 실제로 무슨 정보를 얻었는가?

사실 당신은 B에 대해서가 아니라 A에 대한 정보를 얻은 것이다. 그러나 우리는 이 점을 잘 알아차리지 못하고 있다. 마치 B에 관한 확실한 정보를 가진 것으로 믿으며 앞서 가버릴지도 모른다. 그러나 사실은 그렇지 않다. 우리에게 주어진 모든 것은 B에 관한 A의 말뿐이다. 한편, 우리는 A에 대해 매우 직접적인 정보를 얻었다. 그의 말과 억양을 들었으며, 그의 몸짓·자세·표정을 보았기 때문이다.

우리는 실제 상황(우리가 실제로 놓여 있는 상황)에 주의를 기울여야 한다. 그리고 우리에게 실제로 주어진 것은 바로 A다.

붓다는, 말로 표현된 어느 것도 결코 완전히 믿을 수 있는 것이 아니라는 점을 인식하였다. 어떤 사람이 당신에게 다른 사람에 대해 어떤 말을 하든 그것은 처음부터 왜곡된 것이다. 그것은 그들의 필터, 즉 좋고 싫음·교육 정도·소망·마음의 편향성 등을 통해 나오는 것이다.

아마도 당신은 B를 만난 적도 없을 것이다. 당신이 현명하다면 당신은 B에 대한 판단을 유보할 것이다. 당신이 B에 대해 알고 있는 모든 것은 기껏해야 A가 B에 관해 생각한 것에 불과하기 때문이다. 그러나 당신이 현명하지 못하다면, 당신은 A의 말을 사실로 받아들이고 그의 견해와 마음의 편향성을 자신의 것으로 적용할 것이다. 그러면 마침내 당신이 B를 만나게 되었을 때, 당신 자신의 것도 아닌 편견으로 상대를 대할 것이다.

안네 프랑크 가족과 함께 나치를 피해 숨어 있었던 치과 의사인 프리츠 페퍼는 많은 사람들에게 부정적인 시각으로 비춰진다. 그런데 그 이유는 단지 우리가 그에 대해 아는 것이라고는 아직 어리고 경험이 부족한(영리하고 상상력이 풍부하기는 하지만) 안네 프랑크의 글을 통해 나온 것이기 때문이다. 또한 우리는 프랑크 가족을 숨겨주고 안네의 일기를 지켜준 미에프 기에스라는 사람으로부터 다른 사실을 듣게 된다. 안네는 페퍼를 '아주 훌륭한 사람'이라고 불렀다는 것이다.

일본 감독 쿠로사와의 영화 〈라쇼몽〉에서, 우리는 똑같은 상황을 여러 인물들을 통해 다른 시각으로 듣게 된다. 먼저 우리는 나무꾼의 눈을 통해 사건을 보게 되고, 그리고 무슨 일이 일어났는지 안다고 생각한다. 그러나 이야기가 전개되면서 나머지 등장인물들을 각각 만나게 되고, 그 각각은 무슨 일이 일어났는지에 대해 자신의 견해로 들려준다. 각자 서로 다른 이야기를 말하는 것이다. 이 영화에서 인상적인 것 중의 하나는, 우리가 맨 처음 듣는 이야기에 의해 얼마나 쉽게 좌우되는가 하는 점이다.

그것이 바로 우리가 삶 속에서 부딪히는 일반적인 상황이다. 아이들처럼 우리는 가정에서나 학교, 교회에서 듣는 이야기를 쉽게 받아들인다. 우리는 민족주의 · 종교 · 인종차별주의 · 정치·가족 등에 관한 이야기를 들으면서, 다른 견해에 견주어 이를 저울질 할 수 있기를 배우기도 전에 하나의 견해를 여과 없이 받아들인다. 그리고 우리는 각각의 상황을 있는 그대로 보기보다는 고정된 시각으로 받아들이는 경향을 보인다.

따라서 바른 말은 또한 바른 듣기를 포함한다. 즉 이미 잘 포장되고, 삼키기 쉽게 만들어진 이야기를 받아들이기 보다는, 있는 그대로 대상을 바라보는 것을 의미한다.

우리가 다른 사람들에 대해 말할 때, 특히 그 사람이 그 장소에 있지 않다면, 자신의 동기를 더욱 주의 깊게 살펴보아야 한다. 우리는 그 사람을 깎아내리고 자신을 잘 보이려 하고 있지 않은가? 혹은 그 사람을 돋보이게 하거나 과장하기 위해 노력하고 있지는 않은가? 어느 경우든 깨어 있음으로 향하는 방식이 아니다. 왜냐하면 우리는 보는 것보다 마음의 편향성에 따르고 있기 때문이다.

게다가 관찰하고 경험한 것보다는 우리가 생각하고 느끼고 바라는 것에 근거하여 다른 사람들에 관해 말할 때, 우리는 그들의 인간성을 박탈한다. 우리는 고정된 사고, 견해, 신념으로 그들의 유동적인 생명력을 대체하고 있는 것이다. 즉 우리가 보거나 아는 것에 주의를 기울이지 않고, 상상하는 것에 매달릴 때 우리는 더 큰 문제를 일으키게 된다.

많은 경우, 우리는 말로써 다른 사람을 깎아내릴 때보다 그들을 우상화할 때 더 큰 문제를 야기한다. 우리가 누군가(목사, 스승, 운동선수, 천재, 우리의 조상, 붓다 등)를 실제보다 더 위대한 존재로 만들 때는, 당신이나 당신 말을 듣는 사람 모두가 그들과 같은 인간이라는 점을 잊어버리기 쉽다. 그리고 시간이 지나면서, 그 사람은 마치 폴 번연(Paul Bunyan, 미국 만화에 나오는 힘 센 장사)처럼 점점 과장되어 간다. 이것은 매우 위험한 일이다. 특히 당신의 영웅이 붓다의 가르침을 가르치는 스승인 경우는 더욱 그러하다. 당신은 자신이 그들과 동일한 인간임을 잊게 될 것이다. 당신도 그들처럼 바로 지금 여기에서 진리를 볼 수 있도록 완전한 자격을 갖추고 있다는 사실을 깨닫지 못한다.

만약 당신이 깨달은 사람(더 정확하게는 '깨달은 사람'에 대한 당신의 관념)을 계속하여 우상화시킨다면, 당신은 중요한 점을 놓칠 것이며 혼란 속에 길을 잃게 될 것이다. 깨달음을 특별한 무엇으로 생각하는 한 당신은 깨어 있지 못할 것이다.

나의 스승이 가르쳐준 것 가운데 하나는, 다음과 같다.

스승의 마지막 임무는 제자를 스승에게서 자유롭게 해주는 것이다.

만약 당신이 스승을 우상화한다면, 어떻게 스승이 이 마지막 소임을 할 수 있겠는가? 당신은 스승을 과장되고 헛된 존재로 만들어버릴 것이다. 스승을 명예롭게 하려거든, 그로부터 단지 가르침을 받을 뿐이며, 당신 자신의 경험에 비추어 스승의 가르침을 정중히 시험하면서 감사하는 마음으로 살아가면 되는 것이다.

라디오에서 나치 의사들에 관해 이야기하던 어떤 사람을 기억한다. 그는 그들을 악마, 인간 이하의 존재로 묘사하였다. 물론 인간으로서 악마 같은 짓을 저지른 것은 사실이다. 그러나 우리 중 누구도 인간 아닌 자는 없다. 사실 우리가 인간이기에, 그러한 악마 같은 짓을 할 수 있는 것이다. 모든 가학적인 살인자도 우리와 같은 인간이라는 사실을 깨닫지 못한다면, 우리도 그들처럼 행동할 가능성을 지니고 있다는 사실을 간과하게 된다.

우리는 인간의 모습을 바로 알아야 한다. 인간의 범주는 성자 같은 인간에서 악마 같은 인간에 이르기까지 광범위하다. 다른 사람을 마치 인간이 아닌 다른 종처럼 말할 때 인간 본성 자체를 무시하는 것이다.

나의 스승은 "친절한 말이 언제나 친절한 것은 아니다"라고 말하곤 했다. 물론 일반적으로 부드러운 말이나 경의를 표하는 말은 마음의 평안을 주고, 호의를 느끼게 하며, 깨어 있음에 유익하다. 그러나 고통스럽다고 해서 당신 아이의 예방 접종을 마다하지 않듯이, 가끔은 상대방에게 상처를 줄 수 있는 심한 말이나 날카로운 지적이 곧 그를 위해 할 수 있는 가장 친절한 일이 되는 경우도 있다. 복잡한 길로 뛰어들려는 아이를 막기 위해 심하게 야단칠 필요도 있는 것이다.

당신이 말하기 전에, 자신의 마음과 말하려는 동기를 점검하여야 한다. 누군가를 깎아내리려 하거나 악의가 담긴 말은 절대 해서는 안 된다. "오늘 아침 당신이 A에게 한 행동 때문에 내 기분이 좋지 않아. 내 생각엔 당신이 A에게 사과했으면 좋겠어" "내 생각엔 당신은 알콜중독의 위험이 있어. 지금처럼 계속 마시면 당신은 아무것도 하지 못할 거야. 당신 가족 또한 고통을 받게 될 것이고." 이런 말이 마음을 상하게 할 수도 있다. 그 순간에는 매우 심하게 보일 수도 있다. 그러나 이것이 반드시 친절하지 않음을 의미하지는 않는다. 문제는 당신의 동기에 달려 있다. 먼저 자신의 마음을 꼭 주시하도록 한다. 미리 적절한 대응을 열거하는 것은 불가능하다. 모든 상황은 반드시 경우에 따라 달리 다뤄질 것이다.

당신이 깨어 있고자 한다면, 당신이 하는 말이나 억양은 중요하지 않다. 그 대신 자신의 마음을 관찰하는 것에 관심을 가져야 한다. 그리고 당신이 관찰한 것(당신의 마음, 주어진 상황)을 자각하면서 말해야 한다. 그러면 당신이 선택한 말과 억양은 적절하게 그에 맞추어 따라가며 당신은 지혜와 자비에서 말하고 듣게 될 것이다.

진리와 실재에 관하여 말하려 해도, 말이나 개념에 들어맞지 않기 때문에 언어로 나타낼 수 없다. 이런 이유로 깨어있음에 대해 심한 좌절을 느끼며 우리는 그것에 대해 손에 쥘 수도 붙잡을 수도 없다.

우리는 사물에 대해 개념적인 이름을 붙이는데 익숙하다(그리고 그렇게 하지 못할 때, 종종 그것을 포기한다). 그러나 진리는 개념 안으로 들어오지 않는다. 우리는 그것을 하나의 개념으로 붙잡을 수 없다. 우리는 문자 그대로 진리를 말할 수 없다.

실재는 완전히 말과 개념의 영역 밖에 있다. 말로 나타낼 수 없고, 개념으로 담을 수 없으며, 말이 전달할 수 없는 것을 우리는 경험할 수 있다. 그리하여 어떤 의미에서는 말할 수 있는 것이 아무것도 없다.

늦가을의 한 그루 단풍나무를 마음속에 그려 보자. 잎은 거의

다 떨어지고 단지 몇 개의 잎사귀만 나무에 붙어 있다. 당신은 공원에 앉아 있다. 계절은 아직 따뜻한 아름다운 가을날이다. 하늘은 눈부시게 빛나는 짙푸른 색이다. 당신은 하늘로 향한 나무 꼭대기에 달린 하나의 잎사귀를 보고 있다. 아주 밝게 빛나는 오렌지색이다. 당신이 바라보는 바로 그때, 이 파리는 떨면서 떨어지기 시작한다. 하늘을 가로질러 떠돌며 아래로 구른다. 당신도 이를따라 시선을 돌린다. 느리게 아래로 떠돌던 잎은 이미 많은 잎이 쌓인 곳에 살며시 내려 앉는다.

땅 위에 잎이 쌓인 패턴을 본다. 당신은 나무 가까이에는 많은 양의 잎이 쌓여 있고, 나무로부터 멀리 떨어진 곳에는 훨씬 적은 양의 잎이 쌓여 있음을 알게 된다.

눈을 들어 풀밭 전체를 바라본다. 어디를 바라보더라도, 거기에는 언제나 다양한 색깔의 아름다운 나뭇잎들이 어떤 패턴을 이루며 떨어져 있다.

누가, 무엇이 그러한 패턴을 만들었을까?

18세기 후반에서 19세기 초반을 살았던 일본의 선(禪) 시인 료칸(Ryokan)은 다음과 같은 짧은 시를 썼다.

단풍나무 잎
떨어지네

앞뒤를 보이며 떨어지는 단풍나무 잎의 움직임(잎이 나무로부터 떨어지는 방향 그리고 언제 나무에서 떨어지고, 어떻게 떨어지며, 어디로 떨어지는지)은 바른 행위의 좋은 예가 된다. 이런 행위는 우리에게 아주 익숙한, '의도를 지닌 채 목표로 향하는' 행위와 얼마나 다른가!

한여름에 "난 이제 밖으로 나가야 해. 나무에서 떨어질 거야"라고 말하는 단풍나무 잎을 상상해 보자. 그리고는 아직 푸른데도 불구하고 아래로 떨어진다. 또는 반대로 떨어지지 않으려는 잎을 상상해 보자. 그것은 움직이거나 변하지 않으려하며 다음 해의 새싹이 차고 나올 때까지 겨우내 나무에 매달려 있다.

그러할 때, 그 잎은 "바람 속의 그냥 한 잎"이기를 거부한다. 그것은 나뭇가지에서 떨어질 때, 움츠린 채 땅바닥에 세게 내쳐질 것이다. 이런 잎들은 땅 위에 어떤 패턴을 만들어 놓을까? 그것은 료칸이 묘사한 것과는 아주 다를 것이다.

물론 나뭇잎들은 아무런 의도가 없다. 그러나 우리 인간은 매우 일상적인 이유에서 이 세 가지 방법 모두를 행하게 된다. 사람이나 사물, 사건에 통제를 가하려는 의도에서 우리는 달아나고, 매달리고, 무시하고, 우리가 좋아하는 대로 행동한다.

료칸의 시에서처럼, 자연스럽고 의도 없이 떨어지는 단풍나무 잎의 움직임은 바른 행위가 무엇인지를 분명히 보여준다. 내가 어리석은 예로 든 잎의 움직임은 의도하는 바가 있다. 이 두 가지 유형의 행동은 매우 다른 결과를 이끌어낸다.

보통 도덕성에 관한 논의는 규범과 규율에 있어, 하고 하지 말아야 하는 것에서 결코 멀리 벗어나 있지 않다. 5장에서의 불교 계율을 기억하라. 이들조차 흔히 규범으로서 배우고 가르친다. 그러나 규범과 규율은 붓다의 가르침이 뜻하는 바가 아니다. 이들은 단지 우리가 제대로 보고 있지 못할 때 이용될 수 있을 뿐이다.

가르침에서 중요한 것은 보는 것으로, 맹목적으로 이를 따르는 것이 아니라 실재에 부합하여 사는 것이다. 실재를 볼 수 있다면, 규범이 따로 필요하지 않다. 사실 규범들은 방해가 될 뿐이다. 그들은 우리 마음의 본래적 자유를 구속한다. 실재를 봄으로써 당신의 행함도 풀밭에 자연스럽게 떨어지는 나뭇잎과 같게 될 것이다.

선사 순류 스즈키(Shunryu Suzuki)는 그의 책 《선심, 초심(禪心

初心 Zen Mind, Beginner's Mind)》에서, 종이 위에 예술적으로 무질서하게 점을 찍는다면, 그러한 무질서는 생각만큼 쉽지 않을 것이라고 지적하였다. 종이 위에 점을 하나하나 찍어나가며, 당신은 풀밭에 나뭇잎이 떨어지듯 자연스런 패턴을 만들고 싶어 한다. 그러나 제대로된 임의의 패턴을 만든다는 것은 매우 어렵다는 것을 금세 알게 된다. 왜일까? 그것이 바른 행위와 규범 간의 차이다.

우리는 스스로의 마음을 의도라는 단단한 틀 안에 가두려는 경향이 있다. 습관적인 형태의 사고와 행동 속에 숨겨진 암묵적 규범들을 무의식적으로 따른다. 그런 행동은 전체를 봄으로써 생겨난 것이 아니다. 자유로운 사고와 행동이, 진정한 임의의 패턴으로 점들을 찍기 위하여 우리가 필요로 하는 것이다.

그 대신 우리는 나무에서 땅으로 세차게 내려치며 떨어지기를 작정한 나뭇잎과 같은 경향이 있다. '나는 나의 길을 가겠다' 고 하면서 이것이 자유의 표현인 것으로 믿으며 노래 부른다.

우리는 완전히 반대로 향하고 있다.

'나는 무엇이어야 하는가? 단지 바람에 날리는 하나의 나뭇잎? 그건 대단한게 아니야!' 라고 할지 모른다. 그러나 사실은, 바로 그것이 우리다. 참으로, 우리는 바람 그 자체와 다름 아니다.

하지만 우리는 이를 거부한다. 자연스런 곳에 내려 앉는것을 혹은, 자연스러운 패턴이 되는 것을 허락하지 않는다. 이러한 결과는 동경, 바람, 갈망, 혼란에서 오는 고통뿐이다.

스스로를 이름을 지닌 어떤 특별한 존재이기를 꿈꿀 때, 흐르는 강물 위에 떠 있는 코르크 껍질인듯 자신을 보게 된다. 우리가 깨닫지 못하는 것은, 거기엔 오직 흐름만이 있다는 사실이다. 우리가 특별한 것이라고 꿈꾸는 것은, 처음부터 단지 움직임, 변화, 흐름뿐이다. 자신의 실제 경험으로 인식하는 것만이 우리를 두카에서 벗어나게 한다.

실재를 보는 것만이 우리를 보다 높은 수준의 도덕적 성숙으로 이끈다. 보는 것을 통하면 규범에 의해 살 필요가 없어질 것이다. 사실 인간으로서 도덕적으로 성숙하기 위해서는 규범만으로 충분치 않은 경우에도 제 역할을 할 수 있어야 한다.

성인(聖人)들은 단순히 실재를 보며 사는 사람들이다. 이들을 보살(菩薩 bodhisattva)이라 부르기도 한다. 우리가 그런 사람을 만날 때면 때때로 외경심을 갖게 된다. 우리는 그들이 행하는 것을 보고, 그들이 나타내 보이는 규범을 정하기 시작한다. 거짓말을 해서는 안 되고, 도둑질을 해서는 안 되고, 살생을 해서도 안 되고 등의 내용이다.

성인들은 거짓말을 하지 않는다는 것을 우리는 알고 있다. 그러나 그들은 왜 그렇게 하지 않는가? 그것이 규범에 어긋나는 것이라 여겨서인가? 그것이 악이라 생각하기 때문인가? 처벌이 두려워서인가? 다른 사람의 눈에 나쁘게 보이지 않기를 바라서인가? 그렇지 않다. 오히려 그들은 있는 그대로의 결과를 보기 때문에 거짓말, 도둑질, 살생을 피하는 것이다. 그들은 그것이 혼돈과 고통, 즉 두카로 이르게 한다는 것을 본다. 그들은 전체를 보기 때문에 그렇게 하지 않는다.

우리는 일반적으로 거의 모든 것에 대하여 바른 행위에 의문을 갖게 된다. 우리는 손 쉬운 문구로 짜여진 간단한 해답을 원한다. 그러나 도덕성은 정형화하려는 그 어떤 시도도 거부한다.

예를 들어, 모든 도덕적 규범 가운데 가장 널리 알려진 다음 생각해 보자.

'다른 사람들이 당신에게 해주기를 당신이 바라는대로, 당신이 다른 사람에게 해주어라.'

이 규범은 거의 모든 사회에서 통용된다. 살아가는 데 있어 보편적 규범이 있다면, 바로 이것일 것이다. 그러나 사실 여기에는 심각한 결점이 있다. 우리는 이것을 어렵지 않게 볼 수 있다. 이미 보았을지도 모른다.

내가 주먹질 만큼 더 큰 재미가 없는 건달이라 가정해 보자. 나는 언제나 위의 황금률을 따른다. 왜냐하면 나는 항상 누군가가 내게 싸움을 걸어주길 바라기 때문에, 그와 같은 마음에서 다른 사람에게 싸움을 거는 것이다.

분명히 여기 문제가 있다. 이러한 결함 때문에 윤리 철학자들은 이 황금률을 모든 경우에 적용 가능하게 하려고 노력해 왔다. 그 중에서 가장 많이 쓰이는 변형된 형태가 황금률을 역으로 뒤집은 것이다. 이것은 '당신이 그들에게 해주기를 그들이 원하는대로, 그들에게 해주어라' 이다.

그러나 이것 역시 문제가 있다. 만약 우리가 상대하고 있는 사람이 저녁 밥상에서 "난 완두콩 싫어, 사탕을 먹을 거야" 하고 소리 지르는 아이라면, 당신은 아이에게 영양가 있는 식사 대신 사탕을 먹여야 할 것이다. 확실히 아이에 대한 당신의 도덕적 의무는 단지 아이가 요구하거나 원한다고 해서 거기에 따를 수는 없다. 이것보다 더욱 근본적인 어떤 것이 필요하다. 그러나 그게 대체 무엇일까?

우리는 도덕성 없이는 만족스럽게 살 수 없는 듯이 보인다. 하지만 도덕성에 관해 어떤 분명한 기준이 없다는 점 역시 사실

이다. W. 맥나일 딕슨(Macneile Dixon, 영국의 글래스고우 대학 영
문학 교수)은 다음과 같이 말했다.

> 지구상에서, 도덕성의 기본에 관해서만큼 뜨겁게 열
> 띤 논쟁을 벌였던 주제는 결코 없었다. 어린 소녀가 '난
> 그냥 장난꾸러기이길 원하는데, 왜 내가 신에게 착해지
> 게 해달라고 기도해야 하나요?' 라고 묻는다고 하자. 세
> 상의 모든 현자들은 이 순진한 질문에 아무런 답을 못 하
> 고 있다. 어떤 철학자도 이를 풀지 못할 것이다. 답을 찾
> 으러 나설 때, 우리는 아마 스스로를 잃고 말 것이다.

요구되는 것은 규범이 아니라 실재를 보는 것이다. 보살(보리
살타)은 규범이 아니라 보는 것에 의해서 산다. 요구되는 것은
전체를 보는 것이다. 봄을 통하여 위에 묘사한 것과 같은 문제
를 야기하지 않으면서 황금률을 새로이 적용할 수 있다. 물론
이렇게 함으로써 그것은 더 이상 정해진 규범이 아니다.

그러나 흥미롭게도, 깨어 있는 사람들이 행하는 방법은 서양
철학에서 거부해 온 경구 중 하나인 '네가 스스로에게 하지 않
는 것을 남에게도 행하지 마라' 다.

이 문구가 서양 철학에서 간과되어 온 이유는 소극적 표현이

라는 점 때문이다. 적극적 표현이 우리를 나서서 무언가를 하게 하는 반면, 소극적 표현은 수동적으로 보인다.

그러나 이런 습관적인 반응은 적극적인 표현이 언제나 우리에게 다루기 힘든 문제, 단순히 소극적인 표현으로는 결코 일으키지 않을 문제들을 야기한다는 사실을 간과하게 만든다. 왜일까? 그 차이가 무엇인가? 이는 의지, 동기, 의도와 관계가 있다. 이들은 모두 적극적인 표현에 깊이 관계되어 있다. 적극적인 표현은 당신이 자신에게 무엇인가를 해야 한다고 말한다. 소극적 표현은 지시하지 않는다.

이것이 문제의 핵심이다. 거기엔 당신에게 무엇을 해야 한다고 말할 결정적인 도덕적 권위는 있을 수 없다. 왜냐하면 당신 자신의 의지 외에 어떤 권위도 놓여 있지 않기 때문이다. 즉 당신이 도덕적 행위자가 되기 위해서는, 당신이 결정적인 도덕적 권위를 가져야 한다. 그리고 실제로 당신은 그것을 지니고 있다. 스스로의 의지가 담긴 행동을 고려해야만 하는 이유는, 바로 우리가 그러한 권위를 가지고 있기 때문이다. 우리를 두카로, 고통과 혼돈으로 빠지게 하는 것은 바로 의지가 담긴 그 행위다.

황금률의 소극적 표현은 규범이 아니다. 정확히 말하면 붓다 가르침에 가깝다. 그것은 의지 위에 서 있는 것이 아니므로, 우리를 해결할 수 없는 궁지에 빠뜨리지 않는다. 소극적 표현으로, 단지 깨어 있으려는 한 방향으로 향한 우리의 의도만이 요구된다. 행위는 공식에서가 아니라 보는 것에 의해 시작된다.

또한 간단한 사실은, 우리가 무엇을 하여야 하는지, 어떻게 해야 하는지 규정짓는 규범을 가질 수 없다는 것이다. 우리가 적극적으로 그것을 주장하는 순간, 우리는 바로 그렇게 해서는 안 될 것, 즉 편협하고 깨지기 쉬우며 경직된 도덕률을 갖게 된다. 그럼으로써 다시 한번 실재에 대한 우리의 믿음과 관념을 위해 직접적인 실재를 저버리는 실수를 범한다. 보살들처럼 어떠한 규범을 따르지 않고도, 우리는 이미 슬픔의 근원을 볼 수 있다. 우리가 무엇을 해야 하는가도 오직 보는 것에 의해서만 명백해진다. 그것은 항상 그때의 상황에 따른다. 그에 대한 어떠한 정해진 룰도 존재하지 않는다.

이것이 바로 바른 행위의 토대다. 즉 분열되고 다투기 좋아하는 모든 것을 멀리하고, 조화와 일치를 도모하는 일을 행하는 것이다. 다시말해 그것은 전체를 봄으로써 행하는 것이다. 떨어지는 낙엽처럼 지나가는 바람 그 자체인듯 사는 것이다.

이것은 정해진 마음 상태가 아니다. 그것은 '나는 선을 행해야 해' 라는 마음 상태가 아니다. 이러한 접근은 아무 소용이 없다.

우리는 선을 악의 반대되는 것으로 생각하는 경향이 있다. 그러나 이는 단지 '선'에 관한 우리의 생각일 뿐이다. 이런 결정화된 '선'으로는 오만과 적대심을 만들어낼 뿐이다. 진실로 선하게 행동하는 것은 우리의 일상적인 방식과 근본적으로 다르다. 그것은 미리 계획되지도, 방해되지도, 동요되지도 않은 마음으로 행하는 것이다. 그것은 떨어지는 낙엽처럼 전체의 맥락에서 행동하는 것이다.

바른 행위를 이해하는 또 다른 방식은 이기심 없는 행위, 자의식에서 자유로운 가운데 일어나는 행위로서 자신을 다른 것과 분리시켜 보지 않는 행위다.

이는 의식 자체가 없어지거나 아무것도 일어나고 있지 않음을 말하는 것이 아니다. 물론 자각은 여전히 남아 있다. 고통과 쾌감을 포함한 육체적 감각은 여전히 존재한다. 단지 당신만 거기에 없음을 의미한다. 자아가 사라진 느낌과 더불어, 당신의 행동은 자연스럽게 계산되지 않고 자유로워진다.

이것은 당신의 의도가 단 하나의 점으로 모아질 때 일어난다. 당신의 유일한 의도는 깨어 있는 것, 즉 여기 있음이다. 이때 당신의 행위는, 자연스럽게 떨어지는 나뭇잎처럼 유연하고 자유롭다.

이것이 마음의 완전한 자유다.

우리가 무지하여 나뭇가지에 매달려 있기를 고집할 때, 우리는 이것이 자유라고 생각한다. '나는 내가 원하는 것을 할 수 있어, 그래서 한여름에 떨어지고 싶으면 난 그렇게 할 거야. 그리고 땅에 빨리 떨어지기를 원한대도, 그건 내가 알아서 할 일이야.' 라고 우리가 자유라고 부르는 것이 사실은 속박임을 알지 못한다.

이런 식으로 행동하면, 스스로 변덕과 욕망의 포로가 된다. 그 결과, 우리는 순간순간 있는 그대로의 상황을 보면서 행동할 수 없다. 오직 우리의 욕망에 따라 행동하고 있을 뿐이다.

우리는 자유란 욕망에 근거한 선택을 하는 것이라 생각한다. 그러나 우리가 상황을 볼 수 있을 때, 우리의 욕망보다 훨씬 더 많은 것을 볼 수 있다. 어떻게 현재 상황에 이르게 되었는지를 볼 수 있다.

진정한 자유는 선택하는 데 있는 것이 아니다. 또한 행함이 없는 선택은 없다. 우리가 행하지 않는 것을 선택한다 할지라도 여전히 행하고 있는 것이며, 하나의 선택을 한 것이다.

우리에게 주어진 단 하나의 중대한 선택은, 깨어 있을 것인가 아닌가 하는 문제다.

팔정도의 다섯 번째는 바른 생업으로, 우리 자신이나 남에게 해를 끼치지 않는 방식으로 생계를 꾸려 가는 것에 대해서다.

깨어 있음에 유익하지 않다고 분명히 말할 수 있는 몇 가지 생계유지 수단이 있다. 마약이나 무기 또는 노예 거래에 관계하거나, 탄압 정부를 위하여 허위 보도를 써주는 등의 일이 그것이다. 그리고 분명히 비도덕적인 방법으로 돈을 버는 경우들이 많이 있다.

복잡하게 얽힌 사회적·경제적 조직 속에 살면서, 과연 무엇이 바른 생업인가? 우리가 하는 모든 일은 그밖의 다른 모든 것과 깊이 연관되어 있기 때문에, 누군가에게 전혀 해를 끼치지 않는 생계 수단을 찾는 일은 매우 어렵다.

변호사와 같은 직업은 어떤가? 변호사는 죄 없는 사람을 변호하거나 불합리하고 억압적인 법에 맞섬으로써 확실히 유익한 일을 할 수 있는 기회가 자주 있을 것이다. 그러나 명백하게 죄가 있는 사람이나 많은 사람들의 복지에 반하는 조직이나 산업체를 위해 변호해야 하는 경우도 있을지 모른다. 그에겐 또한 부양해야 할 가족이 있을 수도 있다.

깨어 있음의 길로 나아가면서 우리는 이러한 생계의 문제를 매우 주의 깊게 바라보아야 한다. 정말 그것은 우리의 삶 대부분에 걸쳐 매우 중요한 문제로서, 가벼이 넘길 수 없다. 우리가 따라야 할 분명한 원칙은 없다. 오로지 당신이 처한 상황을 철저히 볼 필요가 있다.

만약 당신이 사람들에게 해를 끼치거나 상처주는 일과 관련된 어떤 일을 하고 있다면, 그것을 그만두는 것이 좋을 것이다. 어떤 분야에 머물더라도 보다 인간적인 일을 할 수 있어야 한다. 아마도 가장 좋은 방법은, 비록 보수가 적더라도 보다 자비로운 분야에서 유사한 직업을 찾는 일일 것이다.

자신의 특수한 상황을 주의 깊이 주시하고 행동해야 한다. 일에 종사하면서 스스로의 태도를 관찰한다. 무엇이 혼란, 욕망, 고통을 만들어내는지를 본다. 무엇이 조화, 기쁨, 선의, 협력, 마음의 평화를 만들어내는지를 본다. 만약 밤에 잠이 오지 않는다면, 당신이 어떻게 돈을 버는가를 살펴보자. 이때가 문제가 가장 뚜렷해지는 시간이기 때문이다. 우리는 명료하게 보는 법을 배워야 하고, 그렇게 함으로써 깨어 있음에 가장 도움이 되는 행동을 취하도록 한다.

우리는 다른 사람을 판단할 수 없으며 다만 우리 자신의 삶을 철저히 점검하여야 한다.

붓다 가르침은 우리의 삶, 행동, 말, 이 지구상에서 생계를 유지하는 수단, 그리고 이 모든 행위가 그밖의 다른 모든 것과 어떻게 연관되어 있는지를 살펴보는 일이다.

우리에겐 단 한 가지 선택만이 있다. 깨어있거나, 혹은 그렇지 않거나.

8장 수행

긴장을 풀고 잠시 앉아 깊은 심호흡을 몇 차례 해보자. 이제 일상의 일들은 접어두기로 하자. 여기 고요히 관찰할 다른 것이 있다. 네모난 원을 마음 속으로 그려보도록 한다.

이미 알아챘겠지만, 이 둘을 함께 하는 일은 당연히 불가능하다. 그럼에도 우리는 흔히 이와 비슷한 일에 많은 노력을 기울인다. 불가능한 목표를 실현시키는, 우리 능력 밖에 있는 어떤 것에 힘을 쏟고 있다. 그러므로 흔히 노력을 일종의 부담, 억지, 강압 등으로 여기게 된다. 그러나 팔정도의 여섯 번째인 바른 노력에는, 그러한 부담이나 긴장, 강압이 .들어 있지 않은데, 어느 면에서 바른 노력이 바른 견해와 결합되어 있기 때문이다. 만약 자신의 손을 불 속에 넣는 것이 고통스럽다는 것을 안다면, 당신은 더 이상 불을 피하는 일이 힘들지 않다.

바른 노력은 단순히 현재에 있음을 의미한다. 그것은 여기 존재하며, 여기 머물고, 바로 이 순간 일어나는 일을 보는 것을 의미한다. 그것은 무엇을 통제하려 하거나, 깨달음을 이루기 위해 분투하는 것처럼 무언가를 성취하려는 것이 아니다. 깨달음을 얻으려 발버둥치는 것도 세상사를 생각하지 않으려 애쓰는 것과 같다. 바른 노력은 자연스러움, 즉 행위의 자연스러움, 생각의 자연스러움이다. 그것은 자연스러운 이 순간이 되는 것이다.

이것은 우리가 흔히 생각하는 노력의 의미와는 다르다. 일반적으로 우리는 통제하거나 구분짓기 위해, 새로운 무언가를 시도하거나, 또는 자신을 향상시키기 위해 노력한다. 인간의 역사는 이런 노력으로 채워져 있다.

그리고 여기 우리는 엄청난 시간과 힘을 기울여 무척이나 발전되어온 인류 역사와 더불어 있다. 우리는 강과 호수, 땅과 사회, 그리고 삶의 방식이 너무 발전한(?) 나머지, 이제는 인류가 앞으로 얼마나 생존할 수 있을지 염려해야 할 지경까지 이르렀다.

바른 노력은 무엇보다 이미 우리 안에 생겨난 단편적이고 분열된 마음 상태를 제거하는 일이다. 일상의 마음 상태에서 세상은 이것과 저것이 반하는 다양한 형태로 저 너머에 나뉘어 나타난다. 우리가 그런 마음 상태에 있을 때, 사물은 조작되고 통제되어야 할 그 무엇으로 보게 된다. 붓다는 이런 상태를 불완전한 것으로 보는데, 우리가 주어진 상황을 전체적으로 받아들이지 못하기 때문이다.

사람들은 상황이나 다른 사람, 그리고 사물에 통제를 가하려 애쓰지만, 실제는 거의 아무런 영향도 미치지 못한다. 때때로 자신의 편향된 마음과 충동을 조절하려 애쓸 것이다. 그러나 이는 세상사를 생각하지 않으려 하는 것과 아주 흡사하다.

우리는 먼저 통제할 수 있는 것과 할 수 없는 것이 무엇인지 보아야 한다. 그렇지 않으면 쉽게 얻을 수 있는 것은 무시하면서 불가능한 것을 이루기 위해 노력을 허비할 것이다.

대부분의 시간에 우리의 정신적 상태는 조각나 흩어져 있다. 우리의 마음은 '이것으로부터 내가 할 수 있는 것 모두를 얻을 것이다' 라거나 '저 사람들을 위해 난 무언가를 해야 해' 또는 '내 정신 상태가 이렇게 산만하지 않았으면 좋겠어' 같은 많은 생각들로 가득 차 있다. 혹은 어떤 대상을 다른 것과 반하게 하는 수 많은 방식 가운데 하나일수도 있다.

그러면 우리의 노력은 어떠해야 하는가? 코끼리 떼처럼 수많은 잡다한 생각들을 몰아내기 위하여 말이다. 그들은 쉽게 몰아내지지 않는다는 것을 우리는 이미 알고 있다. 우리가 그들을 몰아내려 할수록 그들에게 먹이를 더 갖다주는 셈이며, 그들은 남아 있으려는 힘이 더욱 커질 것이다.

그 대신 우리의 파편화된 정신 상태를 키우기보다(그것을 판단하거나 그 속에 빠져버리거나, 혹은 억지로 쫓아내려 함으로써 더욱 조장하기보다) 있는 그대로 본다면, 우리는 스스로의 조화로운 상태로 온전해질 것이다.

흩어진 마음을 모으는 데 들이는 노력은, 의지의 힘을 통해 어떤 특별한 상황에 직접 들이는 노력과는 다르다. 마음을 모으기 위한 노력은 '나는 불완전한 마음 상태를 보고 있다. 그것을 없애야 한다'와 같은 사고작용으로부터 나올 수 있는 것이 아니다. 이런 생각은 전혀 도움이 되지 않는다. 다만 당신의 마음 상태를 봄으로써, 즉 이것을 향하고 저것에서 멀어지려는 마음의 치우침을 봄으로써, 당신은 깨달을 수 있다. 우리가 해야 할 일은 자신을 계속하여 보게 되돌리는 일이다. 본다는 것은 달리 말하면 조각난 마음을 되돌리고 더 이상 마음이 흩어지지 않도록 하는 일이다.

바른 노력은 깨어 있고 전체적이며 통합된 마음 상태를 생기게 하고 유지시킨다. 우리는 '말을 물가로 데려갈 수는 있지만,

물을 마시게 할 수는 없다' 는 격언을 알고 있다. 우리가 좌절하는 것은 바로 우리가 말이 물을 마시기를 원하기 때문이다. 정확히 말하자면 마음이 정해 놓은 어떤 일을 할 힘이 우리에게 없기 때문에 좌절하게 된다.

우리는 종종 특별한 결과에 집착한다. 자신이 충분한 의지를 지닌 채, 열성을 다해 그 일에 매진한다면 목적이 달성될 것으로 기대한다. 그 사람이 태도를 고치고, 정부가 세금을 내리고, 환경이 좋아지고, 모든 전쟁이 멈추기를 원한다.

그러나 당신이 깨어 있기를 원한다면 모든 결과를 잊어버려라. 대신 스스로 마음의 편향성을 관찰하라.

붓다의 가르침에 따르면, 우리는 사실 물가로 인도된 말과 같다. 깨달은 자가 우리를 물가로 데려왔다. 그는 길을 안내했지만 물을 마셔야 하는 것은 우리다. 그 일은 우리의 몫이다.

우리에게 가르침이 주어질 수는 있지만, 그것을 주의 깊게 살펴보고, 그것을 엄밀하게 시험하고, 철저히 이해하며, 그리고 우리 삶 속에서 살아있게 하지 않는다면 우리는 깨닫지 못할 것이다. 우리 스스로 그러한 노력을 하여야 한다.

이 비유에 대해 더 언급하자면, 말은 사실 목이 마르다. 그러나 먼저 그 말은 자신에게 필요한 것이 바로 그 앞에 쉽게 다가

갈 수 있는 물이라는 사실을 인식해야 한다. 그렇지 않으면 말은 물 앞에 서 있더라도 그냥 지나칠 것이다.

우리의 무지는, 대부분 우리가 목마르다는 사실조차 알지 못한다는 것이다. 혹은 목마르다는 사실은 자각한다 하더라도, 잘못된 장소에서 물을 찾고 있다. 우리는 시원한 것을 찾으면서 불 속으로 들어가기도 한다. 그리고 목마름이 실제로 무엇인지에 대해서도 흔히 잘못 알고 있다.

어떤 것이 우리에게 가치 있어 보이면, 그것을 얻기 위해 열심히 일하거나 그것을 향해 나아가야 한다고 느낀다. 깨달음의 경우에는 이런 생각은 맞지 않다. 사실 이런 생각은 우리를 깨달음의 영역에서 더 멀어지게 한다.

한 젊은이가 선사에게 물었다.

"제가 열심히 노력한다면, 언제쯤 깨달음을 얻을 수 있을까요?"

선사는 그를 위 아래로 훑어보고 말했다.

"10년."

그 젊은이가 말했다.

"아닙니다. 제 말은, 제가 정말 열심히 노력한다면 얼마나 오래 걸릴까요?"

선사는 그의 말을 막으며 말했다.

"미안하오, 내가 잘못 판단했소. 20년."

"잠깐만요!"

그 젊은이가 말했다.

"저를 잘 이해하지 못하고 계십니다! 저는…."

그러자 "30년" 하고 선사가 말했다.

그 젊은이는 우리가 흔히 하는 식으로 말하였다. 그러나 여기에는 보통의 방식이 통하지 않는다. 우리의 목표가 집착하지 않는 마음이라면 이렇게 접근해서는 아무 소용이 없다.

깨닫고자 하는 우리의 노력은 과녁의 중앙을 맞히고자 하지 않음과 같다. 누구나 그렇듯 우리는 과녁의 한가운데를 맞히기를 원한다. 그러나 여기서 표적은 깨달음이기에, 당신의 편향된 마음으로는 그것을 맞힐 수 없다. 당신이 다른 것들을 원하듯이 깨달음을 원할 수는 없다. 거기엔 추구할 것이 아무것도 없다. 그렇다면 우리는 어떻게 과녁을 맞히는가? 어떻게 깨달을 수 있을 것인가?

보통 과녁은 중심에 근접할수록 더 높은 점수를 얻도록 되어 있다. 그러나 깨달음의 과녁은 그와 정반대다. 중심의 큰 점은 0점이다. 이를 둘러싸는 작은 원은 10점, 그 바깥의 원은 25점이며, 100점짜리 원은 과녁의 가장 바깥을 둘러싼 곳이다. 만약 당신이 점수를 많이 따기를 원한다면, 바깥쪽에 맞히는게 좋다. 그러나 진정으로 깨닫기를 원한다면, 아무 가치가 없어 보이는 과녁의 중심을 맞혀야 할 것이다.

당신은 아무 쓸모없어보이는 표적의 중심을 맞추지 않은 채 표적의 눈 가까이 가봐야, 깨달음에서 점점 더 멀어지게 된다. 다시 말해서 만약 당신이 단지 가사, 염불, 의식, 법명만을 좇아 다니고 있다면, 당신이 불교 공부를 시작하기 전보다 오히려 더 많은 점수를 잃게 될 것이다.

이런 것들은 천년 넘게 축적되어 온 문화적 굴레다. 이들은 깨달음과 아무런 관련이 없으며, 아마도 가까이 있는 절박한 일은 외면하고 오히려 당신의 주의를 다른 데로 돌리게 만들 것이다.

궁술에서와는 다르게, 깨달음이라는 과녁의 한가운데를 맞히는 것은 일반적인 의미에서처럼 기술을 요구하지는 않는다. 그냥 이 순간 깨어있음에 노력을 기울인다. 단순히, 길 위에서 당신의 할 일이 무엇인지를 기억하라. 그리고 바로 여기, 바로 지금으로 돌아오라.

대부분의 사람들은 잘해야 단지 부분적으로만 이 순간에 있

다. 우리 자신을 포함하여 사람들은 종종 깊은 생각이나 망상에
빠져, 거의 여기에 있지 않다.

어느 봄날 아침이었다. 나는 가까운 호수 주변을 산책
하고 있었다. 햇살은 밝았고, 나는 피어나기 시작하는
꽃향기에 취해 있었다. 그런데 갑자기 기러기가 내는 소
리를 들었다.

나는 고개를 들어 20여 마리의 기러기 떼가 줄을 지어
거의 내 눈높이로 나를 향해 날아오는 것을 보았다. 내
머리를 덮는 담요 끝자락처럼 그들이 내 머리 위를 지나
갈 때, 그들의 날개 위를 스치는 바람 소리를 들을 수 있
었다.

바로 그 순간, 이어폰을 꽂은 채 조깅하는 사람이 나
를 향해 다가오고 있었다. 여전히 큰소리를 내는 기러기
들이 그의 머리 위를, 그와 부딪히는 것을 피하려 방향을
바꾸어 지나갔다.

그런데 내게 기러기 떼보다 더 놀라운 것은, 그가 계속 조깅
을 하고 있다는 사실이었다. 그는 전혀 기러기의 존재를 알아차
리지 못하였다. 나는 이 경이로운 순간을 그와 함께 나누고 싶

었다. 비록 한 번 눈길을 주거나 미소를 통해서일지라도. 그러나 그는 그 순간 그곳에 있지 않았다.

우리는 단지 바로 이 자리에 있지 않기에 얼마나 많은 순간을 놓치고 마는가. 바로 그 조깅하는 사람처럼 세상의 많은 것을, 우리 자신의 많은 것을 놓치고 있다. 그리고 실제 일어나고 있는 일로부터 얼마나 유리되어 있는지조차 알아차리지 못한다.

붓다는 끊임없이 이런 상황의 심각성을 지적하였다. 사실, 깨어 있는 자에게 있어 이 문제의 중요성은 절대적이다. 붓다는 "깨어 있는 자는 죽지 않는다. 그렇지 못한 사람은 이미 죽은 것과 같다"라고 말했다.

삶은 오직 덧없고 끊임없이 변하는 바로 이 순간에만 존재하는 것이다. 우리는 그것을 붙잡을 수 없다. 만약 우리가 삶을 변하지 않게 미라로 만들고 어떤 고정된 견해에 집어넣는 짓을 그만둔다면, 우리는 있는 그대로의 온전한 삶을 경험하게 될 것이다. 팔정도의 일곱 번째인 바른 마음가짐은 팔정도의 다른 일곱 가지 모두를 함께 엮어 우리를 지금 여기 실재로 되돌리게 한다.

우리 몸을 의식한다는 것은 그것이 어떻게 움직이는가를 자각하는 것이다. 손, 머리, 혀의 위치, 자세, 호흡, 풀·모래·나무·발밑의 돌의 느낌, 이 순간의 맛과 향기 등.

틱낫한 스님은 그의 걷기 명상에서, 우리가 달에 비상착륙한 우주인이라고 상상해 볼 것을 권한다. 우리는 어찌할 바를 모르며 하늘을 올려다보고 아름다운 푸른 지구를 바라본다. 그러나 부서진 우주선으로는 지구로 돌아갈 수 없다. 할 수 있는 것은 차갑고 깜깜한 하늘에 빛나는 푸른 지구를 바라보며 다시 그곳으로 돌아가기만을 갈망하는 것 뿐이다.

그러다 결국 우주선을 고쳐 다시 지구에 돌아오게 되었다고 가정해 보자. 지구 위에 처음 발을 디딜 때 우리는 어떤 느낌일까? 무엇을 관찰하고 음미하게 될까? 얼마나 강렬하게 향기와 맛, 부드러운 비, 맨발로 느끼는 따뜻한 모래 등을 경험하게 될 것인가?

틱낫한 스님은 바로 이것이 우리가 매 걸음마다 땅 위를 걸어야 할 방법이라고 말한다.

바로 우리의 몸과 주변 환경에 주의를 기울이는 만큼, 우리는 또한 현재 마음의 감정적 배경에도 주의를 기울여야 한다. 다만 느낌을 판단하거나 변화시키려 노력하지 않고 단순히 지금 내가 어떻게 느끼는지에 주의를 기울임으로써, 우리는 자신과 타자 간에 아무런 구분도 존재하지 않다는 것을 알아차리게 된다.

내면이 우울한 날이면 바깥세상도 마찬가지로 우울한 날이 된
다.

시간이 지나면서 우리가 경험하는 각각의 느낌은 일시적인
것으로 영원하지 않다는 것을 알게 될 것이다. 결국 단순한 주
시를 하므로서 강렬한 느낌도 가라앉게 되며, 감정과 행동에 전
처럼 집착하지 않게 된다. 우리는 느낌에 따라 반응할 필요없이
그저 생겨나는 각각의 느낌을 그대로 바라볼 수 있게 된다.

만약 자신의 느낌을 관찰함에 있어 내적 평가(이것이 좋다, 이것
이 나쁘다, 나는 이것을 좋아하지 않는다 등)가 시작되면, 이러한 평가
가 이뤄짐을 알아차려라. "나는 평가하기보다는 살펴보아야만
해"라고 더 이상의 판단을 할 필요가 없다. 단순히 느낌을 주시
하라. 그것을 바꾸려 하지 말고 있는 그대로를 바라보라.

또한 마음을 되새기는 일이다. 우리는 보통 마음 속에 어리석
게 떠드는 재잘거림이 끝없이 활주하고 다닌다는 사실에 주의
를 기울이지 않는다. 실제로 우리 자신을 잃어버릴 때는 심지어
대화체로 만들기 조차 한다.

우리의 마음은 많은 시간 동안 자신에게 지껄인다. 만약 당신
이 그렇다고 생각하지 않는다면, 잠시 조용히 자리에 앉아 언제
숨을 들이마시고 내쉬는지를 의식하면서 호흡을 주시하며 있어

보라. 5분 동안만 이렇게 하고 있으면, 시간이 지나면서 우리의 마음이 수많은 생각·느낌·망상에 휩싸이는 것을 알게 될 것이다.

제대로 지켜내지 못하여 흩어려진 우리 마음은 크나큰 혼란과 고통의 근원이 된다. 우리는 습관적으로 생각하거나 혹은 그 가정하에서 행동하는데 대부분은 그 순간을 완전히 대하기 보다는 단지 모호하게 의식할 뿐이다. 더 나쁘게는 실재를 우리가 생각하고 믿는 것에서 찾아낼 수 있는 것처럼 생각과 동일시한다. 조심스레 마음을 바라보면 마음상태도 몸의 감각처럼 빠르게 움직이고 있음을 알게 된다.

마지막으로 두카 자체에 대해 생각해보라. 어떻게, 왜 그것이 일어나는지, 그리고 어떻게 그것을 소멸시킬 수 있는지를 관찰하는 것이다.

우리는 살아가면서 내면의 혼란을 주시할 필요가 있다. 이러한 혼란이 스스로의 마음속에 일어나는 것을 봐야 한다. 그리하여 팔정도에 따라 이 두카를 종식시킬 수 있을 것이다.

바른 마음가짐에 있어, 요체는 결코 자신을 책망해서는 안 된다는 것이다. 당신이 지금까지 아무런 자각 없이 살아왔다는 사실을 알아차린다 할지라도 자신을 꾸짖지 마라. 그럴 필요가 없으며 사실 그것은 더 나쁘게 만들 뿐이다. 이를 단지 알아차리는 것만이 필요하다. 무엇이 고통스러운 것이고 깨어 있음에 유익하지 않은지 보는 법을 배우면 당신은 매우 자연스럽게 괴로운 상황을 끝내게 될 것이다.

바른 마음가짐이 실제의 경험으로 돌아가기 위한 것이라면, 팔정도의 여덟 번째인 바른 명상은 매순간 단지 우리의 직접 경험과 함께하는 것이다.

좌선을 할 때 초점은 최소한의 것, 즉 몸·마음·호흡에만 맞춰져 있다. 가능하다면 책보다는 스승으로부터 가르침을 받는 것이 좋다. 또 다른 사람과 함께 명상하는 것도 좋은 방법이다. 훌륭한 지침서로서 좌선을 위한 보편적 권고가 되는 도겐(道元) 선사의 《보권좌선의(普勸坐禪儀 Universal Recommendation for Sitting Meditation)》의 한 구절을 인용해 본다.

명상을 위해서는 조용한 방이 적합하다. 알맞게 먹고 마신다. 모든 일은 밀어두고 하던 일도 멈춘다. 선도 악도 생각지 않는다. 찬성도 반대도 하지 않는다. 마음의 모든 움직임, 모든 생각과 견해에 대한 판단을 멈춘다.

붓다가 되겠다는 꿈도 갖지 않는다. 앉거나 눕거나 어떻게 하든 상관없다.

당신이 일상적으로 앉는 곳에 두꺼운 매트를 깔고 그 위에 방석을 놓는다. 매트 위에 무릎이 닿게 하고 책상다리를 하고 앉는다. 옷과 벨트는 느슨하게 하며 몸을 바르게 한다. 그 다음 왼쪽 다리 위에 오른손을 올리고 오른손바닥 위에 왼 손바닥을 위로 향하게 올리며, 두 엄지 끝이 맞닿게 한다. 몸의 자세를 똑바로 곧추세우는데, 왼쪽이나 오른쪽, 앞이나 뒤로 기울지 않도록 한다. 귀는 어깨와 같은 면에 있게 하고, 코는 배꼽과 같은 일직선상에 있게한다. 입은 다물고, 혀는 입천장에 붙인다. 눈은 언제나 뜨고 있어야 하며, 코로 부드럽게 호흡하도록 한다.

일단 자세를 잡은 다음에는 숨을 깊이 들이마시며, 몸을 좌우로 움직여 안정된 부동의 앉은 자세로 들어간다.

여기서는 바닥에 앉아서 명상하는 법에 대해 설명하고 있다. 하지만 의자에 앉아서도 할 수 있다. 발은 바닥에 똑바로 두도록 한다. 필요하면 방석이나 담요로 의자의 높이를 조절함으로써, 넓적다리가 바닥과 평행이 되도록 앉는다. 등은 바르게 세워 의자 등받이에 기대지 않도록 한다.

바닥에 방석을 깔고 앉기를 원한다면, 쿠션의 높이를 조절하여 당신의 무릎이 매트 위에 놓이도록 한다. 무릎을 굽힌 자세를 더 좋아한다면, 두 다리 사이에 쿠션을 두어서 몸을 받치게 하면 편하게 느껴질 것이다.

몸을 움직여 앉은 자세가 안정되게 느껴지면, 이제 호흡에 주의를 기울인다. 등을 바르게 하여 앉아서 횡경막으로부터 깊숙이 그리고 충분히 호흡한다. 몸의 중심으로부터 호흡하라. 그리고 호흡에 집중한다. 자연스럽게 그리고 조용히 호흡한다. 어떠한 방식으로도 호흡을 강제하지 않으며 그냥 따르기만 한다. 숨을 들이마실 때는 그것을 의식하라. 숨을 내쉴 때도 내쉬고 있음을 의식하라.

시작 단계에서는 호흡에 집중하는 것이 어렵기 때문에, 매번 숨을 세는 것도 호흡에 집중하는 데 도움이 될 수 있다. 숨을 들이쉴 때 하나를 세고, 내쉴 때 둘을 세라. 열이 될 때까지 세기를 계속하고 다시 반복한다.

또다시 호흡을 따른다. 그렇게 하는 동안 수많은 생각들이 일어날 것이다. 그들에 방해받지 마라. 생각들이 나쁘다고 하지도 말고, 없애야 한다고도 하지 마라. 쫓아내려 애쓰지도 마라. 내버려 두면 저절로 사라질 것이다. 이것이 '의식적인 마음의 모

든 움직임을 끊는’ 법이다. 직접적인 의지로서 이렇게 만들 수
는 없다.

많은 생각과 느낌으로 산만해져 호흡을 놓쳐버리면, 그냥 다
시 호흡으로 돌아온다. 벗어났다고 해서 스스로를 탓할 필요는
없다. 자신을 꾸짖는 일은 또 다시 이탈하는 것이다. 하나부터
다시 시작하라.

명상하고 있을 때, 자아에 대한 여러 생각들이 일어날 것이
다. ‘난 이것을 할 수 없어’ ‘난 다시 시작할 거야’, ‘난 이것을
잘 못해’ ‘난 이것을 제대로 하고 있다는 확신이 서지 않아’ 등
등. 이러한 생각들은 아주 정상적이다. 단지 그들을 관찰하라.
그리고 내버려 둬라. 당신이 그렇게 하기만 하면, 이들은 저절
로 사라질 것이다.

어떤 특별한 마음 상태를 가지려 애쓰지 마라. 특별한 마음
상태란 없다. 그런 특별한 마음 상태를 갈구한다면, 자신의 마
음을 어지럽힐 뿐이다.

좌선은 최면이 아니다. 휴식도 아니다. 기분전환도 아니다.
그저 호흡에 대한 자각, 그것이 전부다. 서서히 집중이 깊어지
면서 날숨과 들숨을 셀 수 있다. 일단 당신이 규칙적으로 호흡
에 머물 수 있게 되면, 세는 일을 멈추고 호흡 그 자체만을 따르
라. 이 간단한 지침 너머, 명상 그 자체가 당신에게 그것이 무엇

인지를 가르쳐줄 것이다.

점차 산처럼 앉아 있는 법을 터득할 것이다. 생각이 일어나더라도, 그것은 단지 산을 스쳐 가는 구름일 뿐이다. 산은 구름에 의해 방해받지 않는다. 구름은 지나가고, 산은 계속 그대로 앉아 있다. 아무것도 붙잡지 않으며, 모든 것을 관조하고 있듯이.

사람들은 가끔 내게 얼마나 오래 또는 얼마나 자주 명상하며 앉아 있어야 하는지를 묻는다. 그것은 각자에게 달렸다. 세상이 시끄러워지기 전인 조용한 아침이 좋은 때다. 혹은 저녁도 좋다. 5분 동안 명상하는 것으로 시작하며 서서히 조금씩 길게 잡을 수 있다. 20분 ~ 30분이 적당하다.

그러나 여기서 가장 중요한 것(당신이 얼마나 오래 명상하는가보다 훨씬 더 중요한 것)은 규칙적으로 명상하는 것이다. 명상은 먹고 자는 일처럼 규칙적으로 하여야 한다.

먹을 때가 되면 그저 먹는다. 잘 때가 되면 그저 잔다. 호흡할 때 호흡한다. 명상할 때에 명상한다. 얼마나 오래 할 것인가는 중요하지 않다(나는 얼마나 오래하는 것이 좋은지 모른다. 너무 길게는 말고, 적당하면 될 것이다).

다른 사람들과 함께 명상하는 것도 도움이 된다. 그들이 당신의 자세에 대해 충고해줄 수 있으며, 당신이 자신을 볼 수 있게 도움이 될 것이다.

그러나 무엇보다도 다른 사람과 함께 명상을 하는 것은 오랫동안 명상을 계속하는 데 든든한 격려가 될 것이다. 혼자 명상을 지속해나가는 일이 쉽지만은 않기 때문이다.

순류 스즈키는 그의 저서 《선심, 초심》에서 명상을 할 때 일어나는 생각을 멈추려 애쓰지 말라고 말하고 있다. 그냥 이 순간에 주의를 기울이고 호흡과 함께 머물며, 생각이 저절로 멈춰지도록 내버려 두라고 한다.

생각이 일어나는 것을 스스로 인정하라. 생각으로 혼란스러울 때 그것은 더 크게 확대되고 빠르게 시끄러워지려는 경향이 있다. 그것을 통제하려 하면 할수록 오히려 그것은 더 힘을 얻게 될 것이다. 마음에 여유를 주도록 한다. 그러면 그것은 가라앉을 것이다. 통제하려 하고 조용하게 하려 하고 억누르려고 하면 할수록 그것은 더 사나워진다. 우리는 단지 무엇이 일어나고 있는지 알아차릴 필요가 있다. 생각이 저절로 멈추게 내버려 두라. 만약 그것을 그냥 내버려 둔다면 절로 사라지게 될 것이다.

생각이나 느낌은 마음속에서 생겼다 사라진다. 그것은 머물지 않는다. 당신이 그들과 함께 놀거나 자극하거나 발전시킨다

면 그것은 계속 붙들고 늘어질 것이다. 또한 다른 생각들로 가
지를 치기 시작할 것이다. 앉아서 자신의 호흡을 따라갈 때, 당
신의 마음이 얼마나 바쁜지 알 수 있다.

호흡은 명상에 있어 다시 없는 독특한 대상이 되는데, 그것은
내부와 외부, 당신과 외부세계 사이의 경계선에 위치하기 때문
이다.

만일 당신이 명상을 위해 다른 대상을 사용한다면(가시적 대상
이나 소리, 생각 등 어느 것이든) 그 근본적 이원성을 넘어서지 못할
것이다. 여전히 일상사처럼 그것은 '저너머' 그리고 우리는 여
기에 있다. 원래 마음의 갖가지 양상은 그대로 남아 갈구하고
고통받고 혼란스럽다. 여전히 두카는 존재한다.

그러나 당신의 주의를 바로 이 가정된 경계에 집중한다면, 점
차 그 경계가 해체되는 것을 볼 수 있을 것이다. 당신 스스로의
힘으로 내부와 외부, 자아와 타자 사이에는 처음부터 어떤 경계
도 없었음을 볼 수 있을 것이다.

명상을 보통의 일과처럼 다가갈 수는 없다. 명상은(그것이 진
정한 의미의 명상이라면) 어떤 무엇을 위한 것이 아니다. 전적으로
그 자체를 위하여 행해지는 것이다. 즉 그것은 쓸모없어 보이기

도 한다. 일반적으로 '유용한' 행위들은 계산하고 재고 가격을 매기고 평가하느라 바쁘다. 명상은 이런 것들과 아무 관련이 없다.

명상으로부터 아무것도 얻으려 기대하지 마라. 깨달음까지도 기대하지 마라. 진실로 깨달음을 원한다면, 단지 이러한 '마음'이 무엇인지를 알아차리도록 한다. 탐욕스러운 마음이 소위 당신이 원하는 것에 반하고 있음을 알아차려라.

명상이 그저 또 다른 활동(무엇인가를 얻으려 하고, 변화시키려 하고, 통제하려 하고, 무언가 생산하기 위해 애쓰는 우리의 일상적 활동)일 뿐이라면, 그것을 하는 목적은 무엇이겠는가? 명상은 우리가 통상 하는 행위들, 그리고 반복적으로 고통받는 행위들을 넘어선 것이다. 명상은 어떤 것을 하려고 애쓰는 것이 아니다. 도겐 선사는 바른 명상을 할 때 다음과 같이 해야 한다고 말하고 있다.

논쟁을 일삼고 화법을 신봉하는 지적이해에 기초한 연습을 그만두고, 당신의 빛을 안으로 향하여 자아를 비추는 역행의 걸음을 익히도록 한다. 그 스스로의 몸과 마음은 사라지고 원래의 모습이 나타날것이다. 당신이 '실상'을 찾고있다면 미룸 없이 노력하여야 한다.

실재를 경험하고자 한다면, 단지 그것을 생각하거나 숙고하거나 이론화하거나 논의하는 것이 아니라, 그것에 직접 부딪혀야 한다. 붓다의 가르침은 탁상공론식 철학이 아니라 철저한 실천이다. 바른 명상은 마음속 깊은 곳에서 우러나오는 절실한 요구에 부응하는 활동이다. 쓸모없어 보일지라도 아무 목적 없이, 그 자체를 위해 바른 명상을 하라. 사실 그 외에 다른 길은 없다. 당신이 조금이라도 무엇을 얻으려는 생각을 지니고 있다면, 그것은 온전한 자세가 아니며 바른 명상이 아니다.

바른 명상은 모든 것이 살아 숨쉬는 곳으로, 무엇을 만들어내고 조작하거나 소유하거나 집착하지 않는, 또한 애쓰거나 실패하지 않는 세계이다.

9장 자유

세상에는 두 가지 종류의 지식과 두 가지 유형의 견해가 있다. 하나는 믿음, 의견, 추측 등 무엇인가에 대한 생각으로 이루어져 있다. 그것은 개념에 대한 지적 파악이다. 이것이 우리가 지식에 대해 생각하는 일반적 방식이다.

그러나 이것은 참된 '지식' 이 아니다. 사실 단지 개념적인 지식에 의존한다는 것은 자연히 두려움, 불안, 혼돈, 즉 두카의 결과를 낳는다.

우리는 믿음과 관념이 우리에게 만족을 주리라 여긴다. 그러나 그것이 미치는 결과를 잘 살펴보면, 기껏해야 단지 일시적인 만족만 줄 뿐이라는 걸 알게 된다. 사실 그것은 항상 모순과 의심을 야기하기 때문에 우리의 주된 걱정과 두려움의 원천이다.

바로 이런 특성으로 인해, 모든 관념과 믿음은 고정된 견해에 불과하다. 전체로부터 분리된 실재의 단편일 뿐이다. 말하자면 우리는 보는 것(perception 직관)에 의존하기보다는 생각하는 것(conception관념)에 의존하기 때문에 마음속에 불안이 생긴다. 그리하여 우리는 안정된 상태에 있지 못하며, 또한 이 사실을 알고 있다.

사실 우리는 모두 이미 깨닫고 있다. 우리는 진실을 안다. 단지 습관적으로 진실에 대한 직접적 경험을 생각들, 즉 믿음·견해·관념 들로 가리고 있다. 그리고 우리가 하고 있는 일의 귀결을 알아차리지 못한 채 그 모두를 개념적인 틀 속에 집어넣는다.

문제는 우리가 이처럼 개념화를 한다는 데 있지 않다. 사실 개념화는 어느 정도 불가피하다. 만일 우리가 개념화하지 않는다면, 나는 이 책을 쓸 수 없고, 당신은 이 책을 읽을 수 없을 것이다. 실제 문제는 우리가 개념에 사로잡혀 있다는 것이다. 우리는 개념들이 갖지 못한 힘이나 정확성, 타당성을 부여할 필요는 없으며 개념들이 실재가 아니라는 사실을 인정해야만 한다.

우리가 반복하는 실수는, 우리가 무엇을 하고 있는지 깨닫지 못한 채 생각 안에서 사실로 가정한다는 점이다. 그리고는 우리가 실재를 붙잡았다고 여기며 그러한 생각에 사로잡힌다.

우리가 간과하고 있는 것은 믿음, 견해, 관념의 바닥 아래 불확실성의 끝없는 바다가 존재한다는 점이다. 우리가 집착하는 개념들은 넓은 바다 한가운데서 이리저리 흔들리고 있는 작은 배와 같다. 우리는 믿음과 관념을 확고한 것으로 여기고 지키려 하지만, 사실 그들(그리고 우리)은 바다 위에 떠 있을 뿐이다. 우리가 마음속에 붙들고 있는 어떠한 관념이나 믿음도 필연적으로 다른 관념과 믿음에 반하는 것일 뿐이다. 그러므로 우리는 의혹을 경험하지 않을 수 없다.

이것이 두카의 마지막 부분인, 즉 실존적 불안으로 우리의 모든 관념 아래에는 깊고 피할 수 없는 의혹이 자라고 있다는 자각이다. 우리의 실제적·직접적 경험을 개념적 사고로 뒤덮는 순간, 의혹은 바로 거기 놓여 있으며, 영원히 함께하게 된다.

분리된 별개의 형태로 보는 것이 개념화다. 이것은 단지 생각에만 국한되지 않는다. 눈에 보이는 대상, 즉 컵, 책, 그리고 이 페이지에 떨어지는 빛까지도 사실은 개념적이다.

그것들은 우리 마음속에 짜 맞춰진 대상으로 전체에서 떨어져 있으며, 그 외의 다른 모든 것에 상반된다. 우리는 이들에 관해 말할 수 있고 글로 쓸 수 있으며 조작할 수도 있다. 이들을 간절히 원하거나 또는 이들을 밀쳐낼 수도 있다. 그러나 개념화하고, 고정하고, 분리되어진 대상을 실재로 여겨서는 안 된다. 그것은 우리가 잘못 가고 있는 방향이며 두카로 이르게 하는 길이다.

우리가 하나의 개념을 실재와 혼동하는 가장 큰 실수는, 근본적인 구별, 즉 자아와 타자의 분리다. '나는 여기에 있고, 저기에 나와 다른 세계가 있어' 라는 식이다. 우리는 직접 경험을 무시하고 저 너머에서 평안, 행복, 의미를 찾는다. "그것을 찾으러 가자"라고 말한다. (그리고 여기 안에서 찾을 때조차도 혼란은 줄지 않은 채 여전히 남아있다.)

우리는 심지어 깨달음을 어떠한 대상으로 바꾸기조차 한다. 그러는 가운데 추구할 또 다른 관념, 생각(매우 일상적인 착각)을 만든다는 것을 알아채지 못한다.

그러나 우리의 직접적인 경험을 살펴보면, 그러한 구분이란 있을 수 없다. 더 깊이 들여다볼수록, 그러한 구분은 점점 더 불합리하고 불가능해진다.

앞서 살펴보았듯이 두 번째 유형의 견해는, 바로 붓다가 말하는 바른 견해다. 바른 견해는 개념이나 믿음이 아니다. 사실 그것은 전혀 특별한 것이 아니다. 바른 견해는 여기 그리고 지금, 매순간에 있는 그대로 실재를 보는 것이다. 개념적인 사고가 생겨나기 전 있는 그대로의 벌거벗은 자각, 어느 것도 가리지 않은 철저한 주의에 근거한다. 그것은 우리가 생각하는 것이 아니라 실제로 경험하는 것에 기대고 있다.

확신(모든 의심과 오해를 넘어선 진정한 이해)을 얻고자 한다면, 이는 분명 우리의 반목적인 관념과 믿음으로부터 오지 않을 것이다. 오히려 진정한 이해는 반드시 우리의 모든 사고와 견해에 앞서 나타난다. 즉 그것은 그 자체로 직접적인, 자명한 경험에 다름아니다. 참된 '앎'은 단지 이와 같이 그대로 보는 것이다.

그대로 보는 것은 의심될 수 없는 것이기 때문에 우리가 원하는 흔들리지 않는 토대다. 바로 여기에 마음의 자유가 놓이게 되며, 또한 여기에 두려움 없는 마음이 자리한다.

두 가지 유형의 견해와 더불어 두 가지 종류의 마음이 있다. 인간으로서 우리는 흔히 마음이라 부르는 것(당신이 항상 가지고 있다고 여기는 마음)을 지니고 있다. 그것은 계산적인 마음, 분별하는 마음, 나뉘어진 마음이다. 일상의 의식적인 마음으로 자아와 타자를 구별하는 마음이다. 우리는 일반적으로 그것을 나의 마음이라 여긴다.

그러나 아직 생겨나지 않은, 자라나지 않은, 그리고 조건에 구애되지 않는 또 다른 마음이 있다. 당신의 마음과는 달리, 그 너머에는 아무것도 없기에 그것은 자유롭다. 이 마음에는 '다른 마음' 이란 존재하지 않는다.

이 마음은 전체에 다름아니다. 그리하여 오직 세상 그 자체의 전체 짜임을 만들어나가며 물질, 에너지, 우주적인 모든 일들이 끊임없이 생겨나고 사라진다.

이 마음에 대해 중국의 황벽(黃檗) 선사는 이렇게 말했다.

"모든 붓다와 중생은 단지 한마음으로 있나니⋯ 이 '마음'은 모든 척도와 이름, 그리고 대립 그 너머 있으며; 이는 그 스스로 존재하며; 당신이 스스로의 마음을 뒤흔들면 곧바로 이로부터 멀어지나니"라 하였다.

이 마음은 그 스스로 분명하다. 즉 언제나 불이 켜져 있다는 뜻이다. 우리는 모든 순간 그것을 볼 수 있다. 단지 마음이 동요되는 것만 막을 수 있다면(스승이 표현한 바로는 대뇌의 전엽을 쉬게만 한다면) 그리고 바람이 지나간 후 연못에 파문이 멈추듯 우리가 관념화하는 것을 그만둔다면, 그 마음을 바로 깨닫게 될 것이다.

우리의 의도는 단지 깨어있음만이다. 그러나 이것은 일반적으로 생각하는 것처럼 하나의 목적이 되어서는 안 된다. 그것은 얻으려고 노력하거나 또는 그것을 향하여 일해야만 할(또는 일할 수 있는) 어떤 목적이 아니다. 이것이야말로 깨어 있음을 위한 수

행이 우리가 보통 하고 있거나 할 수 있는 모든 행위들과 근본
적으로 다른 이유다. 실재를 있는 그대로 볼 때, 우리는 더 이상
무언가를 얻으려 노력하거나 성공하고자 매달리는 게임을 하지
않을 것이다. 보는 것은 애써서 얻는 것이 아니며, 단지 이 순간
에 온전히 있으므로서, 바로 이것이 보는 것이다. 여기는 어떠
한 의심도, 두려움도, 실존적 고뇌도 없다. '죽은 후 나는 어디
로 가는가?' 와 같은 난해한 물음도 사라지게 되는데, 그런 의
혹, 두려움, 불안은 자아라는 착각에 근거하고 있기 때문이다.

　새로운 천 년이 시작되면서, 우리는 삶에서 의미를 찾기가 점
점 어려워지고 있다. 많은 이야기를 통해 알 수 있듯이, 오늘날
은 종교가 예전만큼 사람들의 마음을 사로잡지 못한다. 사람들
이 여전히 필사적으로 종교에 매달리고는 있지만, 깊이 들여다
보면 신이 사람들에게 궁극의 답이 되는 것으로 보이지 않는다.
　일단 사람들은 신을 믿고 있는 것처럼 진정으로 살고있지 않
다. 여전히 절망적으로 냉소적이며 독단적인 태도 사이를 불안
하게 오간다. 사람들은 삶에 의미를 부여하기 위하여 끝없이 여
기저기 찾아 헤매고 있는듯 하다.
　하지만 스스로의 혼란때문에 이런 무의미한 문제를 만들어
내고 있음을 알아채지 못한다. 만약 지금 이 순간을 있는 그대

로 단지 볼 수만 있다면, 무의미는 먼저 생겨나지 않을 것이다. 사물에 의미를 부여하고 확인하려는 노력에서 궁극적으로 무의미한 세상을 만들어내고 있다. 우리가 삶의 의미로 무엇을 붙들고 있든 그것은 궁극적으로 그 자체가 공허하거나 맞지 않거나, 또는 모순되게 나타날 것이다. 그런데도 헛되이 관념적인 답을 계속 찾으며 같은 자루 속을 파헤치고 있지만 그 결과는 절망에 빠져들게 할 뿐이다.

우리는 이것저것을 끝없이 시도한다. 머리는 점점 복잡해지고 지쳐 간다. 수세기 동안 연구해 온 과학, 철학, 그리고 그 많은 탐구 가운데서도 받아들일 만한 이야기는 점점 찾기 어려워지고 있다.

마음의 자유는, 우리가 어떤 이야기에 결코 속아 넘어 갈 필요가 없다는 것을 깨닫는 일이다. 그것은 혼란스런 사고에 앞서 실로 실재를 알아채는 것이다. 우리는 그것을 볼 수 있다. 우리가 해야 할 것은 있는 그대로 이 순간에 완전히 참여하는 법을 배우는 것이다. 이것을 위하여, 팔정도가 그 길을 가리킨다.

깊고 공허한 마음의 아픔은 의미를 찾는 삶에서 생겨난다. 그러나 우리가 무의미를 만드는 것은, 의미를 찾으려는 바로 그 욕망에 의해서다. 목적과 의미를 찾으려는 생각은 잘못된 사고에서 생겨난다. 우리가 그대로의 실재를 볼 수 있을 때, 의미에 대한 모든 물음을 넘어서게 되고, 있는 그대로의 세상에 자유로이 임하게 된다.

죠셉 캠벨(Joseph Campbell, 미국의 신화학자)은 우리가 종교를 관념화하므로서 종교적 경험을 방해한다고 하였다. 그것은 사실이다. 많은 종교적 가르침이 관념적인 틀 안에 가두어져 있으며, 다른 종교와 마찬가지로 불교도 그러하다.

그러나 우리가 깨어 있고자 한다면, 우리는 모든 것을 붙들어 매는 그 틀을 먼저 알아차려야 한다. 궁극적으로, 진정으로 자유로운 마음을 찾고 있다면 이 팔정도조차도, 심지어 불교 그 자체에도 매달려서는 안 된다. 우리는 붓다의 가르침을 유명한 곳에 놓인 금박입힌 불상으로 착각하여서는 안된다.

이 길은 오로지 우리가 세상에 어떻게 임해야 하는지를 일깨워준다. 그것은 우리를 반대편 물가로 건네주는 뗏목과 같다. 우리가 원하는 데까지 사용하고는 뒤에 남겨 두고 떠나야 한다. 일단 물을 건넌 후에는, 다른 누군가를 위해 뗏목을 남겨 두어야 한다. 억지로 질질 끌고 다닐 필요는 없다. 그것은 우리에게 짐이 될 뿐이다.

세 번째 이야기

자유로운 마음

10장 우리의 존재 방식

붓다의 시대는 오늘날과 매우 비슷한 철학적 혼란기였다. 수많은 다양한 종교적 관념과 체계가 있었으며, 사람들은 논쟁을 즐기며 여러 믿음을 갖고 살았다. 수세기 동안 전개되어 온 하나의 관념은 '아트만(atman)'으로 불리는 형이상학적 자아의 존재였다. '아트만'은 영원한 것으로 생각되었다. 따라서 영원한 자아나 영혼의 이론을 믿는 사람들을 영원주의자라고 불렀다.

영원주의자의 이론은, 우리 각자 안에 영속적인 무엇이 있으며, 죽음과 부패를 면할 수 없는 육신 안에 잠시 머물러 있다고 한다. 이 영원한 자아는 죽음 너머, 소멸하는 육신에서 벗어나 살아남는다는 것이다. 그러한 자아 이론과 더불어 어김없이 창조주인 신의 대한 개념을 포함한 다른 부수적인 관념들이 또한 생겨났다.

곧이어 이 아트만 이론에 반대되는 개념이 등장하였다. 물질주의자로 알려진 고대 인도의 철학자 중 일부는 아트만(영원한 자아나 영혼)과 같은 것은 인간 내부에 절대 존재하지 않는다고 주장하였다. 그들은 육신의 죽음은 심리적·육체적 존재의 죽음이라고 말했다. 인간 전체는 육체와 더불어 죽고 소멸하는 것이다. 죽음 이후에 남는 것은 단지 물질, 즉 기능 없는 시체일 뿐으로 곧 썩는다고 했다. 물질주의자들은 물질은 영원한 데 비해 영속적인 자아는 없다고 생각한다.

이러한 이론들이 비록 오래 전 인도에서 논의된 것이지만, 오늘날에도 비슷한 생각으로 여전히 혼란스럽다. 사실 수세기 동안 심각하고 떠들썩한 논쟁이 있어 왔음에도, 똑같은 격론은 여전히 계속되고 있다.

또한 여전히 같은 본질적인 의문들이 계속 제기되고 있다. 나는 누구인가? 나는 왜 여기 있는가? 인간이란 무엇인가? 나는 어떻게 존재하게 되었는가? 죽을 때 어떤 일이 생기는가? 죽음 이후에도 나는 계속되는가? 이러한 의문들에 결정적인 답을 과연 찾을 수 있을까? 이것이 인간의 문제, 존재의 문제다. 그것이 우리 모두를 세대를 넘어 계속되는 고통과 슬픔에 빠져들게 한다.

이것이 모든 고통이 시작되는 실제적이며 근본적인 문제며,

또한 외면할 수 없는 문제다. 우리가 죽을 것이란 것을 충분히 알 만큼 지적인 존재로서의 고뇌와 공포, 그리고 우리가 믿고 아는 모든 것에 끝이 있다는 사실에 과연 어떻게 대처할 수 있는가? 실존적인 난해한 문제를 추론이나 믿음에 의지하지 않고 어떻게 대처할 수 있는가?

우리는 자아에 대하여 혼란스럽다. 아트만, 즉 영원한 자아 혹은 영혼이라는 관념에 대해 이런저런 형태로 매우 혼란스럽다. 우리는 그런 것을 가지고 있는가 아닌가? '그렇다', '아니다', '나는 모른다' 중에 어떤 결론을 내리든 혼란스럽기는 마찬가지다. 이들 중 하나의 입장을 취하더라도, 결국 그것이 불가능하다는 것을 알게 될 것이다. 우리가 추종하는 어떠한 답도 마음 깊은 곳에서부터 제기되는 끝없는 고통을 달래주지 못한다. 사실 세 가지 선택 모두 우리를 필연적으로 두렵고 혼란스런 심각한 상황에 이르게 할 뿐이다.

만약 '예' 라고 한다면, 그때 자아 혹은 아트만이 실재의 중심이라는 믿음에서 모든 것을 이해하게 된다. 그러한 영속적인 자아를 믿는다면, 그밖의 모든 것이 존재하기 전에 우리는 이미 존재하고 있었다고 주장하는 것과 같다. 자신을 전 우주의 근원으로 여기는 착각에 빠지는 것일지도 모른다.

아마도 이것은 우리가 '영원하다' 라는 말로 표현하고자 한 본질적 의미가 아닐 것이며, 단지 그 자아는 지금 존재하며, 앞으로도 죽어 없어지는 것이 아니라는 의미이다. 그렇다면 어떻게, 언제, 누구에 의해 이 자아가 만들어졌는가? 그것은 빅뱅 이전에도 존재했는가? 빅뱅은 과연 있었는가? 인류가 사라진 이후에는 더 이상 존재하지 않을 것인가? 지금으로부터 수십억 년 이후 태양이 지구를 둘러싸게 된 후에는? 전 우주가 아주 작은, 엄청나게 뜨겁고 밀집된 하나의 점으로 축소된다면 그 이후는? 혹은 전 우주가 팽창하여 서늘하게 식게 된다면?

나아가 이러한 믿음이 불가피하게 야기시키는 논쟁 너머에 창조주 개념을 받아들인다면, 그러한 존재에게 무엇을 기대할지 정해야 하는 문제에 부딪힌다. 또 다른 논쟁거리지만 이처럼 중대하고 절박하지만 여전히 답이 없는 의혹 만이 남는 이 세상에서, 우리는 자신을 지속적으로 즐겁게 하며 보호해야 할 과제 또한 남는다. 다시 말해서 여전히 풀 수 없는 문제는 우리에게 남아 있다.

'자아는 없다' 라고 한다면, 우리의 마음은 또 다른 방향으로 달려가기 시작한다. 자아가 없다면 삶을 경험하고 있는 것은 누구 혹은 무엇이란 말인가? 스스로를 알아채고 느끼고 표현하는 것은 무엇인가? 모든 것이 단지 물질과 에너지라면, 우리는 어떻게 자각과 의식을 설명할 수 있는가? 우주에는 왜 생명이 있고 의식함이 가능한가? 이 모든 질문을 하고 있는 존재는 무엇인가? 그리고 이 깊은 고뇌와 혼란을 느끼고 있는 존재는 무엇인가? 만약 우리가 '자아는 없다' 라고 한다면, 우리는 무의미한 세상에 지적 존재로서 살아가는 어려움에 부딪힌다. 이보다 마음을 더 어지럽히는 일이 있겠는가?

이번에는 솔직하게 '나는 모른다' 고 한다면 이 모든 중요한 의문에 명확한 해답 없이 우리는 얼마나 오래 버틸 수 있는가? 지속되는 마음의 고통, 실존적 혼란, 그리고 절망을 ….

그리고 만약 단순히 이 질문을 회피해버린다면, 우리의 부정이 고통의 무게로 무너져 내리기까지 얼마나 오래 걸리겠는가? 죽는 순간까지 이러한 의문을 계속 무시하거나 부정할 수 있을까?

이러한 의문들로 심히 혼란스런 가운데, '나는 모른다' 를 포함한 세 가지 태도 모두 우리의 실제 경험을 통해 진리라고 분명히 지탱해줄 어떠한 확신도 없다. 이들 가운데 어느 것을 택하더라도, 우리는 그 자체로 심히 혼란스럽고 의심스러운 믿음에 따라 행하고 있을 뿐이다.

붓다가 명확히 실체를 밝히고 그 잘못을 무너뜨리고자 했던 것이 바로 이런 난해한 문제였다. 그리고 그는 완전히 의심 없이 무너뜨렸다.

해답은 '그렇다'도 '아니다'도 아니다. 문제의 진실을 알고 있으며 우리는 모른다는 것도 답이 아니다. 실제로 우리는 자신이 알고 있는 것이 무엇인지를 알아차리지 못하고 있을 뿐이다.

붓다는 이렇게 답이 있을 수 없는 듯한 문제를 통해 보았다. 그가 찾은 것은 반대가 없는 견해, 보는 누구에게나 나타나는 견해였다. 그러는 가운데, 영원주의자의 견해 '자아가 있다'와 물질주의자의 견해 '자아는 없으며, 단지 물질만이 있다' 모두 극단에 치우친 것이며, 실재를 검증할 수 없다는 점을 이해하였다.

영원주의자들은 모든 것이 끝에 이르게 된다는 사실을 부정한다. 붓다는 직접적 경험에 의해 처음이나 끝의 증거를 발견하지 못했을 뿐 아니라, 처음이나 끝을 지닐 수 있는 어떠한 별개의 영속적 존재에 대한 증거도 발견할 수 없었다.

그러나 이것이 경험이란 없으며 오직 물질만 있다는 물질주의자들의 견해를 지지하고자 한 것이 아니었다. 붓다는 이런 허무주의적 시각 역시 부정하였으며, 물론 그 자체로 명백한 의식의 존재를 설명하지 못하므로, 이를 극단으로 여겼다.

붓다의 가르침을 중도(中道 the Middle Way)라 부르는데, 고정된 견해라 여겨지는 어떤 극단적 견해도 붓다는 거부하기 때문이다. 그 고정된 견해들은 실재를 손쉽게 포장하려는 견해들이며, 또한 우리에게는 확신을 줄 수 있는 어떤 명백한 견해를 붙들려는 경향이 강하다. 불행히도, 그 견해들로는 결코 실체를 붙잡을 수 없다. 따라서 그것들은 언제나 우리에게 피할 수 없는 의혹과 혼란, 즉 두카를 준다. 우리가 지닌 대부분의 견해들은 처음에는 극단적으로 보이지 않으나, 자세히 살펴볼수록 불합리하고 극단적인 성격을 띤다.

우리의 모든 견해는 둘 혹은 그 이상의 묶음으로 되어 있다. 대부분의 경우 그들은 반대되는 쌍, 즉 찬성과 반대, 서양과 동양, 진보와 보수, 이원론과 비이원론 등으로 나타난다. 예를 들어 '사람들은 기본적으로 선하다' 라는 명제는 선이라는 궁극적인 본성을 사실로 가정한 후, 인간 모두의 속성으로 여긴다. 그러나 이렇게 제시되자마자 즉각적으로 그에 대립되는 견해인 '사람들은 근본적으로 악하다' 는 명제가 나온다. 이는 본질적으로 같은 시각으로서 방향만 반대로 향하고 있을 뿐이다.

오로지 당신의 직접 경험에 근거하여, 이들 견해 중 어느 것도 실재를 가리키지 않는다는 것을 볼 수 있는가? 그들은 둘 다 관념적으로 실재를 단단한 포장 속에 가두려 하는 시도일 뿐이다.

우리의 경험을 되돌아보자. 당신이 만나는 모든 사람에게 주된 동기로서 부여되는 선이라 부르는 어떤 특별한 것을 찾을 수 있는가? 악에 대해선 어떤가? 악도 어떤 특별한 것으로 존재하며, 모든 인간의 삶에 가장 커다란 동기로서 작용한다는 사실을 알고 있는가?

천성적인 악과 선은 둘 다 고정된 견해, 즉 관념과 생각일 뿐이다. 이것들은 실제 경험에서는 어느 것과도 관련이 없다. 그렇다고 해서 사람들이 선이나 악으로 여겨지는 방식으로 행동하지 않는다는 것은 아니다. 다만 본성적인 선이나 악이란 관념적 소산이며 우리 자신이 만들어낸 철학적 대상일 뿐이다. 이두 가지 견해 모두 실재를 향하는 데 성공적이지 못하다. 실재는 이들 극단적 견해들이 나타낼 수 있는 것보다 훨씬 유동적이다. 어떠한 고정된 견해든 명백히 극단적이며, 따라서 실재를 반영할 수 없다.

우리가 일반적으로 알아차리지 못하고 있는 것은, 어떤 특별한 견해를 붙들어 그것만을 믿고, 의지하고, 매달림으로써 자신의 견해가 점점 딱딱하게 고정되고 극단적이 되어간다는 사실이다.

붓다는 그러한 모든 견해를 물리쳤다. 그 견해들은 본질적으로 관념적인 것이며, 이 세계를 고정되고 분리된 개체들로 만들려한다. 선, 악, 자아, 비자아, 책, 빛, 깨달음, 불교, 어떤 사물 또는 생각, 그 무엇이든 그런 시도는 모두 실패할 것이다. 경험의 세계는 단순히 고정되지 아니하며, 실재는 관념 속으로 들어가지 않는다. 우리의 직접적이고 즉각적인 경험이 이것을 확인해줄 것이다.

누군가 당신에게 다가와 이렇게 묻는다고 상상해 보자.

"사람은 근본적으로 선합니까?"

당신은 이렇게 답할지도 모른다.

"아니오, 내 경험으로는 아닙니다."

그 사람은 말한다.

"오, 알겠소. 그러니까 사람들은 근본적으로 악하군요."

이제 당신은 뭐라고 하겠는가? 당신은 다시 이렇게 대답해야만 할 것이다.

"아니오, 내 경험으로는 그렇지 않습니다."

이제 당신에게 질문했던 사람은 몹시 당황하고 있으리라 예상된다.

"도대체 무슨 말입니까? 당신은 두 가지 입장을 다 취할 수는 없습니다! 사람들이 근본적으로 선하지 않다면, 그들은 분명 악함에 틀림없소! 당신은 스스로 모순을 범하고 있소!"

하지만 물론 당신은 전혀 앞뒤가 모순되어 있지 않다. 당신은 다만 질문자가 갇혀 있는 그 이원론 너머를 보고 있는 것이다. 인간은 근본적으로 선이나 악 어느 한쪽이 되기에는 너무 복잡하고 유동적이라는 것을 당신은 이미 안다. 당신은 실재가 관념화를 넘어서며, 질문자의 고정된 견해를 넘어선다는 사실을 볼 수 있다.

이것이 바로 붓다가 자아의 개념과 관련하여 보았던 바다. 붓다는 영원한 자아(atman)를 주장하거나 그런 자아를 부정(anatman)하는 것 모두 실제 경험을 설명할 수 없는 고정된 견해로 보았다. 그것들은 단지 우리의 갈망, 증오, 무지에서 나온 견해일 뿐이다.

많은 사람들은 붓다가 영원히 지속되고 변하지 않는 자아의 존재를 부정했다고 알고 있다. 그런 면에서 그들은 옳다. 붓다는 영원주의자의 극단적 견해를 꿰뚫어 보았다. 그러나 그가 정반대의 극단적인 견해, 즉 물질주의자 또는 허무주의자들의 견해 역시 부정했음을 사람들은 잘 이해하지 못한다. 많은 사람들은 '붓다는 자아가 없다고 하였다. 그러므로 불교는 허무주의 종교다' 라고 생각한다. 이것은 '당신은 신이 구름 속에 살면서 길고 하얀 턱수염을 지닌 멋진 노신사임을 믿지 않으므로 무신론자임이 분명하다' 라고 생각하는 것과 같다.

우리가 사실을 제대로 보지 못하기 때문에 이런 이원론에 빠지곤 한다. 어떤 개념을 부정하는 것이 그 반대를 받아들이는 것은 아니다. "당신의 옷장 속에 아직도 마귀가 숨어 있습니까?"라는 질문에 "아니오"라고 답한다면, 당신은 마귀가 그날 나가버렸다고 말하는 것이 아니다. 당신은 질문 자체의 타당성을 부정하고 있는 것이다.

붓다는 "자아가 존재하는가 아닌가?"라는 질문을 바로 이와 같은 방식으로 거부하였다. 붓다는 어느 선택도(극단적인 어느 것도) 실제 경험을 반영하고 있지 못함을 보았다. 실제 그 질문은 "마귀가 옷장 안에 아직 있는가?"라는 질문과 같이 실재의 무엇과도 관련이 없다. 두 가지 질문 모두 실재에 관하여 완전히 비현실적인 가정에 근거하고 있다.

'자아' 라는 용어가 무엇을 말하는지를 묻게 되면 바로 혼란이 시작된다. '자아' 라는 말을 사전에서 찾아보면, 일반적으로 '타자(他者)가 아닌' 으로 정의되어 있다. 그렇다면 '타자' 는 무엇인가? 그것은 '자아가 아닌 것' 이다. 이런 식의 설명은 우리에게 어떤 의미도 주지 못한다.

우리는 '자아' 라는 용어가 변하지 않는 어떤 가정된 존재를 말하고 있음을 볼 수 있다. "내가 여섯 살이었을 때, 나는 일학년이었다"라고 말할 때, 그 '나'는 여섯 살이었을 때나 지금이나 같을 수밖에 없는 그 무엇을 가리킨다. 그것이 같지 않다면, 세상에 '나'라는 말은 무엇을 가리킨다는 말인가? 그리고 그 무엇이 같다면, '그것'의 무엇이 같다는 말인가? 그것의 외모? 그것의 기억? 그것의 몸을 구성하는 세포들? 실제로 '그것'은 지금 무엇을 말하는 것인가? 이 모든 것들은 세월이 가면서 철저히 변하였고, 지금도 계속 변하고 있다.

자아의 존재, 즉 하나의 '나'를 가정하는 것은 변하지 않고 세월을 통하여 스스로를 보존하는 어떤 존재를 가정하는 것이다. 그리고 문제의 그 '나'가 변화해 왔다면, 어떻게 그것이 아직 그 자체일 수 있는가? 변한다는 것은 그것이 다른 무엇으로 되었다는 것을 의미한다.

어떤 것도 그 자체로 남아 있으면서 또한 변화한다는 것은 불가능하다. 그러나 이것이 우리가 정확히 찾을 수 없는 것인, 바로 변하지 않는 자아다. 앞서 살펴보았듯이, 우리는 결코 변하지 않는 그 무엇을 찾을 수 없다. 사실 어떤 고정된 것도 찾을 수 없다.

당신이 물리적인 것·사람·생각·감정 등 무엇을 가리키더라도, 이 모두는 고정된 자체가 없다. 그들은 모두 변한다. 기억조차도 변하고 유동적일 따름이다. 마음이나 몸 안의 어느 것도 끊임없는 흐름이 아닌 것은 아무것도 없다. 우리의 몸이나, 자연세계(동물, 식물, 돌, 호수, 빗방울, 별 등), 우리가 사용하는 것들(의자, 창문, 우유통, 바늘 등) 등에 관해 말하더라도 이들은 변하고 유동적일 뿐이다. 모든 원자, 우주 안 아주 작은 부분들도 움직임과 변화에 다름아니다. 우리의 정신적 경험, 느낌, 생각, 표상도 마찬가지다.

모든 것은 자체가 비어있다는 것이 경험, 즉 우리의 직접적인, 자명한 직관에서의 명백한 사실이다. 그러나 우리는 다르게 생각하고 믿으며 행동하고 희망한다. 우리가 실재를 무시하고 살아가는 것은 바로 이 자아의 관념에 사로잡혀, 이를 소중히 붙들고 있기 때문에 우리는 고통받고 괴롭다.

그렇지만 우리의 경험을 설명하기 위해 자아의 개념이 필요한 것이 아닐까? 어떻게 경험하는 자아가 없이 경험이 가능한가? 진실은, 우리에게 그런 설명은 필요하지 않으며, 자아 역시 경험에 대한 이해일 뿐이라는 사실이다.

실재는 설명을 요구하지 않는다. 사실 실재는 설명되어야 할 필요가 없다. 어떠한 설명도 우리를 직접적 경험으로부터 관념의 세계로 데려가기 때문이다.

실재는 단순히 '스스로 그러함'으로 존재한다. 즉각적이며 직접적인 경험으로 어떤 관념이나 설명보다 우선하여 존재한다. 실재를 설명하는 것은 그것을 상자 안에 넣어 포장하고 어디로 가져가버리는 것과 같다. 그것은 지도보다 실제 땅을 무시하는 꼴이다.

붓다는 자아라는 관념은 실제 경험을 이해하는 데 필요하지 않다는 것을 알았다. 그는 자아는, 단지 우리의 경험을 붙잡지 못하면서, 현실을 받아들이기보다는 오히려 원하는 대로 다루고자 하는 욕망에서 생겨난 관념으로 보았다.

물론 '나'라는 용어는 우리가 다른 사람과 서로 말하고 쓰고 책 읽는 등의 일을 위해 종래의 방식대로 사용될 수 있고, 또 그래야만 한다. 그러나 그것은 아주 정확한 용어는 아니다.

붓다는 개개인에 대해 말할 때, 종종 흐름(stream)이라는 표현을 썼다. 끊임없이 움직이며 변화하며 순간순간 달라지는 시냇물을 상상해 보라. 우리 대부분은 스스로를 시냇물 가운데 떠 있는 코르크, 즉 시간의 흐름 안에서 따라 움직이며 지속하는 그 무엇으로 생각한다. 그러나 이것 역시 또 하나의 고정된 견해일 뿐이다. 이 견해에 따르면, 흐름 속의 모든 것은 변하지만 코르크만은 예외다. 우리는 일반적으로 우리의 몸·마음·생각 · 느낌 · 이해 · 믿음의 변화는 받아들이는 한편, '나 자신은 변하지 않아. 아직도 나야. 나는 언제나 변하는 흐름 속에 있는 변하지 않는 코르크지'라고 믿는다. 그것이 바로 우리가 자아에 대해 믿고 있는 것, 즉 자아는 변하지 않는 어떤 것이라는 믿음의 내용이다.

그러나 사실 흐름 속에 코르크는 없다. 거기엔 오직 흐름만이 있을 뿐이다. 우리가 코르크라고 개념화한 것 역시 흐름이다. 우리는 음악과 같다. 음악은 흐름의 전형적인 예다. 음악은 단지 끝없는 흐름과 변화로서만 존재한다. 일단 흐름이 멈추면, 더 이상 음악이 아니다. 이는 어떤 특별한 것으로서 존재하는 게 아니라, 오고 가는 그 무엇을 지니지않은 그냥 순수히 오고 감 그 자체로서 존재한다.

주의 깊게 살펴보자. 이것이 사실이라면 어떻게 흐름이 존재하고, 어떻게 음악이 존재하며, 어떻게 우리가 존재하는가를. 우리가 '나'에 대한 생각을 흐름으로서가 아니라 흐름 속의 코르크 같이 떠다니는 어떤 작은 고형의 존재로 여긴다면 어떻게 되는지 보자.

우리는 자신을 그대로의 실제 흐름이 아니라 단단한 코르크로서 보고 있다.

우리가 흐름이라면, 움직임과 변화를 경험하는 주체는 무엇인가? 붓다는 경험하고 있는 어떤 특별한 것은 없다고 보았다. 경험은 있으나 경험하는 주체는 없다. 자각은 있으나, 자각하는 대상은 없다. 의식은 있으나 자리매김하고 분별하는 자아는 없다.

두카를 경험하게 되는 이유는, 사물의 진정한 본성을 보지 아니하고, 영원한 것·변하지 않는 것을 갈망하기 때문이다. 하지만 실제의 경험은 변화 만을 제공한다.

이러한 근본적 혼란 때문에 우리는 언제나 손이 닿을 수 있는 무언가를 갈망한다. 그것을 붙잡기를 원하고 그것에 매달린다. 자신이 사랑하는 것이 계속되기를 바란다. 자신이 미워하는 것은 영원히 사라지기를 바란다.

그러나 변하기 때문에 우리가 미워하는 것은 영원히 사라지지 않고 되돌아온다. 변하기 때문에 우리가 사랑하는 것은 가까이 오래 머물지 않고 반드시 사라지게 된다. 하지만 우리의 생각을 바꾸면 다음의 사실을 알게된다. 즉 우리가 사랑하는 것은 변화로 인해 계속하여 나타날 것이며, 우리가 미워하는 것 역시 영원히 지속되지 않을 것임을 알게 될 것이다. 또한 우리안에 머물며 기뻐하고 상처입을 자아도 있지 않음을 알게 된다.

이것이 우리가 보아야 하는 것이다. 모든 것은 유동적으로 움직이며 흐름이라는 것을. 하지만 어떤 변하지 않는 존재, 즉 우리가 '나' 라고 부르는 상상되어진 영속적인것이 있다고 믿기 때문에, 우리는 두카의 고통을 느끼는 것이다.

　이 가르침을 처음 들을 때 사람들은 때때로 두려움 혹은 불안을 느낀다. 누군가에게 그것은 정말 지금까지 생각해 왔던 것 중 가장 무서운 것이다.

　"내가 실제로 존재하지 않는다는 것을 말하는 것입니까? 나 자신에 대한 인식이 착각이라는 건지요? 나는 실제로 여기에 존재하지 않는다는 말입니까?"

　이것은 사망선고처럼 들린다. 나아가 그것은 우리가 이미 죽은 존재고 그 사실조차 알지 못하는 것처럼 들린다. 어느 누가 그들이 이곳에 처음부터 존재조차 하지 않았다는 사실에 눈뜨기를 원하겠는가?

　이 두려움은 '나는 자아를 가지고 있다' 는 극단적 견해를 갖는 것에서 생겨난 것이다. 그것은 자아의 존재를 가정하는 것이며, 따라서 이 가정된 어떤 것이 없다는 생각에 떨게 된다.

　만약 그것이 처음부터 단지 가정된 존재라면, 사라질 것 역시 없다는 것을 알아야 한다. 있지도 않았던 자아는 당신 옷장에 있지도 않았던 마귀와 같다. 마귀는 나가버린 게 아니라 애초에 없었던 것이다.

우리의 상황은 내가 언젠가 본 적이 있는 엑스레이 촬영을 하러 왔던 작은 소년의 경우와 비슷하다. 그 아이는 팔을 다친 것 같았다. 방사선 기사는 중앙에 아주 커다란 엑스레이 기계가 놓여 있는 방으로 아이를 안내하고 있었다. 그가 문을 열었을 때, 아이는 그 큰 기계를 바라보며 겁이 난 듯 몸을 움츠렸다. 아이는 아마도 전에도 여러 번 경험하였을 터인데, 지금 다시 무서운 기계 앞에 선 것이다.

기사는 아이의 불안을 알아채고 부드럽게 묻는다.

"저 커다란 기계가 무섭니?"

작은 아이는 수줍은 듯 고개를 끄덕인다. 아이를 안심시키기 위하여 기사는 말했다.

"그런데 저건 너를 아프게 하지 않아. 단지 사진을 찍을 뿐이야."

우리는 이 아이와 마찬가지로 두려워하고 있다. 아이가 엑스레이 기계를 이해하지 못하듯이 우리는 의식이라는 것을 이해하지 못한다. 자연히 우리가 직면하는 것이 무엇이든, 그것이 우리를 괴롭힐 것으로 여기며 마주하기 두려워한다.

나는 여기서 그 방사선 기사가 했던 것처럼 당신에게 그것이 아무런 해를 끼치지 않을 것이라고 말하고자 한다. 사실 우리에

게 해가 되는 것은 진실에 대한 깨달음이 아니라 그 반대의 것
이다. 그것은 현실에 대한 우리의 저항이며, 자신의 직접적인
현실 경험을 무시함으로써 생겨나게 되고, 이것이 우리에게 해
를 끼치게 한다.

그런 두려움을 줄이기 위해 우리가 할 수 있는 것은, 실재가
무엇인지를 깊이 관찰하는 일이다. 자아없이 모든게 일어나고
있다면, 무슨 차이가 있는가? 달리 표현하면, 두려워할 일이 무
엇인가?

당신이 실재를 보게 되었다고 해서 세상이 존재 밖으로 사라
지는건 아니다. 당신이 실재를 보고 있다면 실재는 우리의 직관
을 통하여 있는 그대로의 현실로 남게된다. 우리는 그것이 무엇
인지를 볼 뿐이다. 그것은 특별한 무엇이 아니다. 진리를 깨닫
는 것은 고통스러운 것이 아니다. 고통스러운 것은 실재에 대한
우리의 혼란 때문이지 실재 그 자체가 아니다.

우리가 존재한다고 상상하는 가장 중요한 영속적인 실체가
우리의 자아라고 여기지만 이러한 자기 중심성은 어느 사물이
나 사고에도 적용될 수 있다. 예를 들어 이 책을 보자. 우리는
이것을 그 자체로 완전히 존재하는, 별개의 대상이라고 상상한
다. 그것이 과거의 어느 시점부터 존재하기 시작하여 지금 지속

하다가, 미래의 어느 때인가 부서져 먼지가 되어 존재 밖으로 사라지게 될 것이라 여긴다. 그리고는 "그것이 이 책의 종말이야"라고 말한다.

그러나 이미 알고 있듯이, 우리는 이 책에서 어디가 결정적인 시작이며 끝인지를 찾을 수 없다. 우리가 하려는 것은 지속적인, 불변의 어떤 관념 안에 가두려는 것이다. 지금이라도 당신이 직접 경험에 주의를 기울인다면, '이 책' 이라고 말할 수 있는 어떤 지속적인 불변의 것도 사실상 찾을 수 없음을 알게 될 것이다. 다른 모든 것들과 마찬가지로 우리가 '이 책' 이라고 부르는 것 역시 단지 변화와 흐름일 뿐이다.

예를 들어, 당신이 지금 들고 있는 책은 당신이 조금 전에 읽으려고 집어들 때 덮여 있던 책과 전혀 다른 모습이다. "그것은 내가 그것을 집어서 책장을 펼쳤기 때문이다"라고 당신은 말할 것이다. 그런데 그것이 변화다.

"내가 그것을 집어서 펼쳤다"의 문장에서 '그것' 이 무엇을 가리키는가가 문제다. 여기서 결국 말하고자 하는 것은, 변하지 않고 고정된(다른 말로 하면 그 자체로 남아 있는) 것은 아무것도 없다는 것이다. 우리가 언급하고자 하는 그것은 단지 관념적 해석일 따름이다.

현대과학은 우리가 잠정적으로 '이 책' 이라 가리키는 역동적

과정이 빠르게 움직이는 분자들의 집합임을 가르쳐주고 있다. 그 자체로 각각은 단지 움직임이며, 모든 분자들은 끊임없이 그들의 전자를 다른 분자, 원자들과 서로 주고받는다. 요약하면, 이 책은 끊임없는 변화 그 자체다. 그것은 단단한 코르크가 아니라 흐르는 시냇물이다.

그 자체로 존재한다고 여기는 그 모든 것처럼, 이 책도 단지 관념적인 해석, 하나의 개념에 지나지 않는다.

앞서 살펴본 바와 같이 우주가 별개의 변하지 않는 지속적인 무엇들로 가득 채워져 있다는 생각에 고착되어 있다면, 각각의 사물들이 과거의 어느 한 순간에 생겨났다는 생각을 전제하는 셈이다. 이렇게 되면 또한 필연적으로 각각의 사물들은 언젠가는 명을 다해 마지막에 이를 수밖에 없다. 그리고 의문에 놓인 대상이 바로 가정되어진 '나'라고 할 때, 이런 생각은 자연히 우리를 두려움으로 몰고 간다.

그러나 우리의 실제 경험을 자세히 보면, 이런 일은 결코 일어나지 않음을 알 수 있다. 우리가 찾을 수 있는 모든 것은, 지금에 이르듯이 세상의 영원한 생겨남과 사라짐일 뿐이다. 당신이 손가락을 튕겨 소리낼 때, 바로 그 상황은 사라지고 없다.

남아있는 모두는 스스로 그러함이다. 스스로 그러함은 마

음의 대상이 아니라 마음 그 자체다. 거기엔 단지 영원한 생겨
남과 사라짐이 있을 뿐이지, 오고 가는 것이라곤 아무것도 없
다. 이것이 순간순간 우리의 실제 경험이다. 우리가 실재를 보
기만 한다면, 단지 직관만을 믿는다면 지금에 이르듯이, 세상의
생겨남과 사라짐을 보게 될 것이다. 그리고 존재의 본성에 대한
모든 혼란은 순식간에 사라질 것이다.

두카를 근원에서부터 없애는 유일한 길은 더 많은 탐색이나
이론화를 통해서가 아니라, 우리의 혼란이 얼마나 만성적인지
직접 보는 법을 배움으로써 비로소 가능하다.

11장

나를 붙들어 맬 수 없다

두카를 경험하는 것은, 언제나 운명처럼 여겨진다. 우리는 습관적으로 경험을 관념화하고, 자아를 생각해낸다. 이 자아가 내면 어디에 있는지 알지 못하고 직접 경험과 모순되며, 말 그대로 불가능하다는 사실이, 우리 안의 어딘가에 육체안이 아니라면 마음 속 어디에 존재한다고 일반적으로 품고 있는 생각을 넘어서지 못한다.

그렇지만 자아에 대한 강한 믿음을 가지고 있는 한, 스스로의 경험을 전혀 설명할 수 없을 뿐만 아니라 우리의 의식이 완전히 불가사의하게 남을 수밖에 없다는 것을 알아야 한다.

나아가 현실의 경험을 잘못 이해함으로써 깊은 실존적 고뇌에 시달린다. 우리가 실제로 감지하는 것에 주의를 기울이는 대신, 자아를 마음에 품고서 그것이 없어질까, 상처받을까, 불행해질까 두려워하게 되는 것이다.

물론 옷을 벗듯이 자아에 대한 생각을 쉽게 털어낼 수는 없다. 그것은 저항하기 어려운 하나의 착각이다. 그것에 대해 무엇이 착각인지 볼 수 있는 유일한 방법은 현실의 경험에 주목하는 것이며, 자아에 대한 우리의 생각이나 개념이 실상과 어떻게 다른지를 아는 것이다. 일단 '나'라는 것을 찾을 수 없음을 보게 되면 마음은 자유롭고 두려움은 사라진다.

그것은 더 이상 마귀를 두려워하지 않는 것과 같다. 우리가 어린아이였을 때, 마귀에 대한 두려움은 무척 강했다. 그러나 성인이 되면서 그것에 대한 두려움은 사라졌다. 종교적 의식을 행하거나 찬송가를 부르며 옷장에서 마귀를 쫓아내는 방법을 찾은 것도 아니고, 한밤중에 옷장을 막아버리는 효과적인 방법을 찾았기 때문도 아니며, 어떻게 해서든 밤이 될 때까지 자기 기분을 즐겁게 만들어 마음을 마귀에게서 벗어나게 한 것도 아니다. 다만 우리가 현실에 깨어났기 때문에 그것은 사라진 것이다. 애초에 마귀는 존재하지 않았다. 수년 간 두려워했던 무서운 대상은 단지 자신의 상상 속에서만 존재하였다는 것을 알게 된 것이다.

이는 자아에 대한 생각에서도 마찬가지다. 자아란 무엇인지, 그것이 얼마나 오랫동안 지속될 것인지, 육신이 죽어 소멸되고 의식이 사라질 때 무슨 일이 일어나는지 등, 이 모든 문제들은 우리가 실제로 보는 것에 근거하기보다 상상하는 것에 기초하고 있다. 언제나 두려워한 무시무시한 문제들은 실재가 아니라 오직 우리의 생각, 개념, 상상 속에서만 존재할 뿐이다.

우리의 실제적·직접적 경험에 주목함으로써, 우리는 이러한 사실을 직접 볼 수 있다. 그리고 이러한 사실을 볼 때, 어린 시절 착각인 불합리한 공포에서 자유로워지듯이, 인류를 괴롭혀 온 두려움에서 벗어나는 것이다.

우리는 모두 어떤 이야기나 장치에 기대지 않고도 이 고통으로부터 깨어날 수 있다. 우리가 결국 착각으로 고통받고 염려하여 왔다는 것을 볼 수 있게 된다.

우리는 일반적으로 가정하는 영속적인 자아나 영혼이 하나의 착각이며 상상의 산물임을 보았다. 아마도 세상의 수많은 면면도 같은 방식으로 우리가 생각하고 있음을 이해하기 시작했을 것이다. 우리는 끝없는 흐름으로 바람, 파도, 강물, 컵, 책을 보기보다는 오히려 이들을 확고하고, 계속되며, 개별적이고, 고정적인 것으로 상상한다.

우리는 인간에게 자아가 있다고 여기는 것과 같은 방식으로, 경험의 흐름, 완전한 움직임을 보는 대신 수많은 분리된 사물들의 광대한 확산을 상상한다. 저 너머에서 발견하는 모두에 대해서도 개체성을 부여한다.

그런 다음 우리는 또 다른 실수를 하게 된다. 자아를 상상해 내고 이 개념을 비자아라는 개념과 대립시켰듯이, 이번에는 존재와 비존재라는 대립되는 개념의 또 다른 묶음을 받아들인다. 우리는 자아와 비자아의 경우처럼 이 개념 모두 의식에 의해 만들어진 허깨비라는 것을 기꺼이 보려하지 않음으로써 이원성에 거듭 사로잡힌다. 그러나 이러한 개념들로는 결코 실재를 파악할 수 없다.

붓다는 이러한 상황을 다음과 같이 유려하게 표현했다.

> 이 세상은 대개 존재와 비존재라는 두 가지 견해로 기우는 경향이 있다. 바른 지혜로 세계가 생겨남을 있는 그대로 직관하는 사람들에게, 세계의 비존재 개념은 생겨나지 않는다. … 바른 지혜로 세계의 사라짐을 있는 그대로 직관하는 사람들에게 세계의 존재 개념은 생겨나지 않는다.

우리가 실재를 바로 볼 때, 즉 우리가 다른 모든 것으로부터 분리되고 따로 떨어진 어떤 지속적이며 불변하는 자아의 개념이 생겨나기 전, 단지 직관에만 의지할 때 비존재의 개념은 생기지 않는다. 비존재에 대한 우리의 믿음은 애초에 존재의 개념을 붙잡고 있는 결과로 발생한 것이다. 우리가 혼란, 두려움, 떨림을 경험하는 것은 나와 '나와 분리된 세계'라는 인식을 철저히 믿고 느끼기 때문이다.

반대로 바른 지혜로 세상의 사라짐을 이 순간 있는 그대로 바라본다면, 그리고 모든 것의 덧없는 모습을 우리의 관념으로 가리지 않고 본다면, 영원한 자아라는 개념은 생겨나지 않을 것이다. 비록 생각과 느낌은 여전히 존재하지만 영원한 자아라는 개념없이 오직 마음의 평화만이 남고 두려움은 사라질 것이다.

우리가 '나' 또는 '세계'의 생멸에 대해 이야기할 때도 마찬가지인데 이러한 착각은 모두 동시에 생겨나기 때문이다. 직관만으로는, 즉 개념의 부재 아래서는 자아의 개념도, 자아 밖의 세상도 생겨나지 않는다. 존재의 개념을 가정하는 경우에만, 영원주의나 허무주의의 두 가지 불행한 극단 중 어느 하나로 몰아가거나 그 둘 사이를 오가는 신세로 내몰린다.

붓다는 이들 견해 중 어떤 것도 우리의 실제 경험에서 나올 수 있는 것이 아니라고 하였다.

붓다가 "바른 지혜를 지니고 직관하는 자들에게…"라고 말했을 때, 여기서 말한 직관은 우리 모두에게 지금 가능하다는 점을 이해하여야 한다. 우리가 붓다든 아니든 우리는 모두 같은 것을, 바로 지금 진리와 실재를 직관한다. 그렇지 않다면, 깨달음의 희망이란 없을 것이다.

붓다 아닌자는 단지 이 순간에 깨어 있지 않은 사람이다. 반면 붓다는 단지 깨어 있는 자다. 그것이 전부다. 감각의 활동, 즉 세계에 대한 감각적 경험은 어느 누구나 마찬가지로 붓다라고 다르지 않다.

그렇다면 붓다와 보통사람의 차이는 무엇인가? 그 차이는 지각에 있는 것이 아니라 관념에 있다. 붓다(바른 지혜를 가진 사람들)에게는 경험을 개념, 사고, 믿음, 선입견들로 덧씌우는 잘못된 습관이 없을 뿐이다. 따라서 우리는 모두 깨어 있을 능력을 가지고 있다.

우리의 일상적 태도는 경험을 인식하는 즉시, 자신이 무엇을 하고 있는지 알아차리기 전에 온전한 직접적 경험을 분류하고 체계화하며, 오래 전부터 구축해온 정교한 관념의 틀을 씌운다.

그러나 깨어 있는 사람은 이런 것에 사로잡히지 않는다. 붓다는 관념화할 때(그들도 그렇게 한다) 그들이 무엇을 하고 있는지를 알고 있으며, 따라서 그것에 얽매이지 않는다. 결국 문제는 관념화 그 자체가 아니라 그것에 사로잡히는 것이며, 관념을 실재로 착각하는 데 있다.

깨어 있는 사람도 다른 사람과 마찬가지로 생각과 관념을 가지고 있다. 다만 그들은 실제 보는 것과 그들이 생각하는 것이

다르다는 점을 알고 있다는 차이가 있다.

붓다는 이러한 알아차림을 바른 지혜라 불렀다.

12장

상호 의존성

혼란에 빠져있는 상황 아래서는, 내가 여태 껏 해왔던 이야기들이 추상적이고 가설적이며, 우리의 일상적인 삶과는 동떨어진 것으로 생각하기 쉽다. 그러나 이것은 큰 잘못이다. 실은 정반대다. 진리와 실재 즉, 이 순간 있는 그대로 세상의 생겨남과 사라짐을 본다면, 그때 우리의 일상적인 생각들이 추상적이고 관념에 사로잡히고, 진리와 무관한 것임을 즉시 알게 될 것이다. '나 자신' 처럼 우리가 흔히 실재로 여기는 것은 매우 개념적이며, 따라서 실재와는 무관하다. 그러나 본질적인 것은 어떠한 추상적인 사고(어떠한 개념이든) 없이 즉시 지각할 수 있다.

그러면 어떻게 실제 경험을 설명할 수 있는가? 이는 단지 학문적인 질문이 아니다. 그것은 직접적이며 실제적인 가치를 지니고 있는데, 우리의 혼돈에서 나오는 바가 우리가 서로에게,

그리고 세상과 자신을 대하는 방법을 결정하기 때문이다.

붓다의 가르침은 사물에 대한 우리의 상식적인 시각이나 우리 자신과 세계에 대한 기본적인 배경이 되는 가정들이 커다란 착각에 근거하고 있음을 스스로 알아채도록 한다. 그리고 무엇이 착각인지를 정확히 찾아낼 수 있게 돕는다.

그것은 45쪽의 소 그림을 파악하는 것과 같다. 처음에는 종이 위의 잉크 자국에 지나지 않는 듯 이미지가 전혀 보이지 않는다. 그러나 계속 주시하고 되풀이하여 본다면 결국에는 어느 순간 그것이 무엇인지 보게 된다. "어머, 보여. 이건 소야!" 본다는 것은 이와 같다.

그것이 우리가 여기서 하고 있는 일이다. 움직이지 않는 소 그림을 식별해 내는 대신, 우리의 과제는 실재를 보는 것이다.

의식이란 실재를 이것저것으로 쪼개내는 것에 다름아니다. 의식은 분별짓고 선을 긋게 한다. 그것은 저 너머로 그리고 당신은 여기로 하며 구분하는 식이다. 또는 이음없는 전체의 직접적인 경험을 다수의 세계로, 공간과 시간의 세계로 나눈다.(오히려 전체를 나누는 것처럼 여겨진다. 물론 전체는 전체로 남아 있다.)

이런 의식으로 인해 우주는 저 너머에서 많은 것으로 채워진 듯이 보인다. 마찬가지로 바로 이런 의식 때문에 '내가 여기에 있다’ 는 듯이 여겨진다.

우리는 관념화함으로써 분명히 하고, 이해하려 하며, 확신을 찾으려 한다. 우리는 어떻게든 진리를 언어로 표현하려고 헛되이 노력한다. 붙잡을 수 있다면 우리는 그것을 얻는것으로 생각한다. 하지만 우리가 얻으려 하는 것, 즉 마음의 평화와 혼란의 사라짐은 역설적이게도 진리와 실재를 붙잡으려는 바로 그 시도에 의해 상실된다.

이러한 과정을 통해서 우리가 어디에도 이르지 못한다는 것을 스스로 보게 되는 데 얼마나 오랜 시간이 걸려야 하는가? 그것은 지속적인 문제로서, 우리는 아이들에게 불확실 · 의혹 · 무의미를 모두 ‘진리’ 라는 이름으로 가르친다. 그리하여 자기 자신뿐만 아니라 서로에게도 두카를 불러 온다. 그렇게 세대를 이어가며 탐욕, 분노, 무지는 계속된다.

우리는 생각과 믿음을 포장하고 다시 재포장하면서, 끊임없이 조직하고 재조직해 나간다. 그러나 이제 그런 식으로는 결코 실재에 이르지 못하리라는 사실을 알고 있다. 실재는 보는 것, 바로 직관에 있다. 어떠한 수단도 필요하지 않다. 진리와 실재는 단순히 생각을 틀로 짜맞추려는 방식으로는 찾을 수 없다. 사실, 진리를 우리의 생각과 믿음 속에서 찾으려 할수록, 우리의 의혹은 커져갈 뿐이다. 바로 이 붙들고, 움켜쥐고, 사물과 사고를 개념적 틀 속에 집어넣으려는 집착이 문제를 일으킨다. 붙잡을 수 있는 것은 그 정당성을 위해 모두 필연적으로 다른 것에 기대고 있다. 따라서 그것은 의혹을 품게되고 혼란에 휩싸이게 된다. 의혹은 바로 믿음의 뒷면이다. 우리가 믿음을 향하는 순간, 그와 함께 의혹이 생겨난다. 그 둘은 자아와 타자, 존재와 비존재의 이원성처럼 서로 뗄 수 없는 관계다. 우리가 세상에 대하여 직관에 근거하는 대신 현실에 대한 어떤 고정된 시각을 지니게 되는 순간, 불가피하게 고뇌와 두려움이 생겨난다.

이와 같이 두카는 우리에게 억지로 떠맡겨진 어떤 것이 아니다. 바로 우리 스스로 고통과 혼란을 만들어내는 것이다.

우리가 관념 · 이론적인 테두리 · 집착 · 마음의 편향성에 얽매이지 않는다면, 의혹 또한 끝나게 된다. 그것은 우리의 앎이 자명한, 직접적 경험 밖의 그 어느 것에도 기대고 있지 않기 때문이다.

실재를 보는 것은 관념, 언어, 기억을 요구하지 않는다. 붓다는 말했다. "여기에서 앎은 다른 어디에도 기대지 않는다."

여기에 자유가 있다.

진리와 실재에 대한 어떤 숨겨진 가르침도 없다. 진리는 모두가 볼 수 있는 이곳에 있다. 우리도 지금 바로 볼 수 있도록 모든 준비가 되어 있다.

2세기경 인도의 위대한 불교 철학자 용수(나가류나, Nagarjuna)는 다음과 같이 말했다.

두 가지 진리 간의 차이를 이해하지 못하는 자는 붓다
의 가르침에 담긴 심오한 진리를 이해하지 못한다.

여기서 말한 두 가지 진리란 상대적 진리와 절대적 진리다. 상대적 진리는 쉽게 화제로 삼고, 가르치고, 받아들이며, 개념화할 수 있는 일상의 사물과 생각들이다. 여기엔 단순한 사실들도 포함된다. 1피트는 12인치며, 오렌지는 비타민C를 함유하며, 메킨리 산은 북아메리카에 있다는 등이다. 그러나 피트, 인치, 오렌지, 바위, 새, 느낌, 생각 등은 그 자체가 상대적 진리다. 각각은 그 존재를 위해 방대한 다수의 다른 사물들과 개념, 다른 상대적 진리들에 기대고 있으며, 물론 그 존재란 백퍼센트 개념적이다.

상대적 진리는 우리가 세상을 대하는데 편하게 하기 위한 개념들이다. 그것들은 일상적 삶에서 매우 다양한 현실적 문제들

에 도움을 준다. 그러나 자세히 살펴보면 그것들은 결코 실재적
이지 않음을 알 수 있다.

하지만 상대적 진리를 피할 이유는 없다. 그것들은 나쁘거나
해가 되거나 잘못된 것이 아니며, 사실 그것들은 필요하다. 하
루하루 살아가는 데 우리는 여러 가지를 알아야 한다. 전화번
호, 상점 영업시간, 채소의 재배 시기, 나누기, 사랑, 제한 속도,
구두 끈 매는 법 등등. 다만 우리가 이 모든 사물, 생각, 감정들
이 상대적이라는 사실을 즉 이들이 실재하지 않으며 전혀 독립
된 것이 아니라는 점을 잊을 때, 우리는 곤란에 빠지게 된다. 우
리가 '이 책'을 언급할 때 그 또한 상대적 진리다. 앞에서 살펴
본 것처럼, '이 책'이 무엇인지를 자세히 점검해 볼수록 더욱 단
정짓기 어려워지며, 아침안개에 햇빛이 가려지듯 '실상'도 점
점 파악하기 어려워진다.

상대적 진리는 사람들이 전쟁을 하는 이유며, 우리와 다른 사
람을 두려워하는 이유며, 그리고 결론에 다가서지 못하는 낙태
에 관한 논쟁을 하는 이유다.

반면, 궁극적 진리는 직접적 지각이다. 직접적 지각(마음속에
생각을 만들어내는 것과 반대로 이미 있는 사실을 깨닫고 알아채는 것)은
개별화되지 않고 나뉘지 않으며 있는 그대로 온전하여 이음없
이 완전한 연관성, 유동성만이 경험된다. 즉 개개의 것은 없고

단지 스스로 그러함만이 있을 뿐이다.

궁극적 진리는 개념화되거나 상상될 수 없다. 마음속에 궁극적 진리를 결코 붙잡아 둘 수 없으며, 볼 수는 있지만 개념으로 붙잡아 둘 수는 없다.

궁극적 진리는 실재를 보는 사람 모두에게 똑같이 나타난다. 그 자체가 즉각적·직접적 경험이기 때문에, 반대되거나 의심을 사거나 무시될 수 없다. 그것은 어디에도 의존하지 않으며 어떤 다른 그밖의 것을 갖지 아니한다. 궁극적으로 진리란 어떤 다른 것에 대립될 수 없다.

우리는 실제로 이것을 볼 수 있다. 바로 지금 우리 스스로 궁극적 진리, 실재를 볼 수 있다(그리고 사실이 그러하다). 단 한 가지 문제는, 우리가 보는 것을 무시한다는 점이다.

무지란 볼 수 있는 능력이 없는 것이 아니라, 우리가 상상하는 것을 취하면서 실제 일어나고 있는 일을 무시하는 행위다. 무지의 본성은 이와 같다. 다음의 오목한 선을 살펴보자.

여기서 당신은 내가 그랬던 것처럼, 아마도 이것이 향하는 방향 때문에 선을 오목한 것으로 생각할 것이다. 그러나 본래부터 오목한 선이란 없다. 이것은 그저 볼록한 것으로 여겨질 수도 있다. 책을 거꾸로 돌려 보라. 사실, 하나의 오목한 선을 그린다면 그것은 또한 볼록한 선을 그린 셈이다.

무지의 상태는 오목한 것만을 주목하고 볼록한 것은 고려하지 않는 것과 같다. 우리는 어떠한 개념에 대해서 언제든 한 가지 혹은 그 이상의 반대되는 개념을 동시에 만들어낸다는 사실을 잊거나 무시한다. 각각의 상대적 진리는 다른 반대되는 상대적 진리를 만든다. 그리고 만약 우리가 상반되는 개념을 사실로 받아들인다면 불가피하게 불행을 초래할 것이다.

유명한 선의 일화를 생각해 보자.

한 스님이 동산(洞山) 선사에게 물었다.
"추위와 더위를 어떻게 피할 수 있습니까?"

동산 선사가 대답했다.

"추위와 더위가 없는 곳으로 가면 되지 않는가?"

그 스님이 다시 물었다.

"추위와 더위가 없는 곳이 어디입니까?"

동산 선사가 말했다.

"추우면 추위가 자네를 죽게 하고 더우면 더위가 자네를 죽게 하게."

만약 당신이 하나를 그리면 동시에 다른 하나도 그린 셈이 된다. 당신이 무엇을 느끼면 다른 무엇도 느끼게 된다. 당신이 하나를 인정하면 또 다른 하나, 즉 그와 관련하여 저 너머에 세상을 인정하는 셈이다.

물론 실재는 오목한 것도 볼록한 것도 아니며, 추운 것도 더운 것도 아니며, 자아도 타자도 아니다. 만약 추위를 실재의 나머지로부터 떼어 놓을 수 있는 것(더위로부터 떼어 놓을 수 있을 뿐만 아니라 우리 자신으로부터 떼어 놓을 수 있는 것)으로 생각한다면 우리는 그로 인해 고통받게 될 것이다.

우리는 우리가 그리고 느끼고 규정하는 대상에 너무 집착하여 전체를 외면한다. 우리의 대상이 아닌 것도 모두 마찬가지로 존재하고 있다는 사실을 외면하고 있다. 실재를 부분으로 나누어 그 한 부분에만 집중함으로써 전체에 주의를 기울이지 않는 것이다. 그렇게 함으로써 우리 자신을 혼란과 절망으로 몰아 넣고 있는 셈이다.

세이시(seiche, 바람·지진·기압의 변화 등에 의해서 갑자기 일어나는 수면의 진동)는 물이 세면기나 욕조 안에서 앞뒤로 출렁일 때 만들어지는 물결이다. 이런 종류의 움직임은, 우리의 마음이 개념적인 정의로 채워져 있을 때 마음속에서 끊임없이 계속된다. 우리는 끝없이 좋음과 싫음 사이를 오간다. 우리의 편향된 마음과 의도는 우리를 습관적 형태의 생각과 행동 속에 가둬버린다. 이것이 굴레다. 이것이 두카다.

우리가 세계라 부르는 것이 사실은 상대적 진리의 세계며, 우리 스스로 만들고 있음을 알아차리지 못하는 경향이 있다. 우리는 경계선을 긋고 정의를 내린다. 무엇이 옳고 그른지, 무엇을 해야 하고 해서는 안 되는지(모두 우리 마음의 편향성에서 나온 판단이다)를 결정한다. 그러나 우리가 정의하는 모두의 전체적 상관성(전체적 무의미)은 거의 알아차리지 못한다. 무의미를 만들어내는 것도 바로 우리가 의미에 대해 집착하기 때문임을 알아채지 못한다.

그러나 세상에서 발견하는 혼란은 실제로 이 세계에 있지 않다. 오히려 상대적 진리의 편을 들어 자신의 실제 경험을 무시하는 데서 오는 결과다.

여기 대해 우리는 무엇을 할 수 있는가? 우리는 자신의 마음이 어떻게 치우치는지를 볼 수 있다. 그리고 그것을 바로 봄으로써 마음의 기울임 또한 멈추게 할 수 있다.

붓다는 이 세계를 고정된 것으로 보지 않는다. 개체를 따로이 보지 않으며 단지 흐름만을 본다. 하지만 깨달은 자가 더 이상 우리처럼 형상을 보지 않는다고 말하는 것은 아니다. 그들도 형상을 본다. 그러나 그들은 형상(또는 오히려 '형태성')을 가공의, 그리고 실체가 없는 것으로 볼 뿐이다. 그들은 모든 것은 함께 생겨난다고 본다. 그리고 보이는 그 어떤 존재도 다른 모든 것에 의존하고 있다는 것을 본다. 그리고 서로의 기댐이 바로 변화와 움직임 그 자체에 불과한 것임을 본다.

붓다는 이 현상을 '연기(緣起 dependent arising)' 라 불렀다. 연기는 '이것이 생겨남으로써 저것이 생겨난다' 는 법칙이다. 해가 길어지면 봄꽃은 피어난다. 해가 짧아지면 단풍이 들고 낙엽이 떨어진다. 봄꽃은 해가 길어지는 것과 떼어 놓을 수 없다. 단풍은 해가 짧아지고 햇빛이 적어지는 것과 떼어 놓을 수 없다. 사실, 봄꽃은 더 길어진 낮이라고 말할 수 있다. 그리고 단풍은 더 짧아진 낮이라고 말할 수 있다. 사실 모든 현상은 이음 없는 전체로서 더불어 함께 작용한다.

더불어 생겨남은 모호하고 신비하며 동떨어진 지적 현상이 아니다. 붓다 가르침은 매우 실제적이며 현실적이다. 그저 실제 경험에 주의를 기울이면 당신 스스로 그것을 보게 될 것이다.

세계는 수많은 형상들로 채워진 듯이 보이지만, 전체로서의 세계는 우리 마음과는 달리 아무런 의도도, 기울임도 지니지 않는다. '전체'는 의지가 담긴 행위가 할 수 없는 방식으로 스스로 분명한 현상으로 나타난다. 나무에서 떨어지는 나뭇잎, 시냇물의 흐름, 바람의 움직임과 소리, 이 모든 것은 자연스럽고 자발적이며 경이로우며 매우 생동적이다. 그리고 모두는 의도가 들어 있지 않은 현상이다.

의도 없는 행위는 시간이 지나면서 풀밭에 쌓이는 나뭇잎처럼 자연스러운 패턴을 만들 것이다. 반면 의도가 담긴 행위는 그렇지 못하다.

의도가 있는 행위(애증으로 가득한 우리의 일상적 마음에서 나온 행위)는 착각, 관념에 기초하고 있다. 이들은 이것과 저것이 실재하고 확실하며 그리고 본래 개별적이라는 생각에서 즉, 무대를 의도의 작업장으로 만든다는 가정하에서 생겨난다.

그러나 '전체(로서의 세계)'는 의도하는 바가 없다. 어떤 것을 향해 치우치지도, 반대쪽으로 멀리 기울지도 않는다. 그렇다고 해서 우리가 자연스런 방식으로 행동할 수 없다는 것을 의미하는 것은 아니다. 우리는 모두 그렇게 할 수 있다. 이것이 정확히 붓다가 전체로부터 행하는 방식이다.

우리의 만성적인 문제는 의도와 관련이 깊다. 우리는 전체를 무시하면서 부분에 사로잡힌다. 우리는 의식의 대상들(우리의 관념)에 사로잡히고, 갈망과 혐오, 탐욕과 분노로 인해 마음이 어딘가를 향하거나 반대로 피하려 하며 한쪽으로 치우치게 된다. 이것이 두카다.

이 딜레마에서 빠져나올 수 있는 길이 있다. 그것은 단순히 자신의 마음을 바라보는 것이며, 그리고 언제 마음이 한쪽으로 치우치는지를 알아차리는 것이다.

앞서 우리는 나무에서 떨어지는 나뭇잎을 떠올리며 잎이 땅 위에 자연스런 패턴을 만들며 내려앉는 것을 보았다. 그것은 우리의 의도가 담긴 일반적 행위로서 흉내낼 수 없는 유형이지만, 자연은 전혀 힘들이지 않고 임의의 유형을 만들어낸다. 무엇이 그토록 아름다운 유형을 만들며, 철저히 임의의 방식으로 잎이 놓이는 위치를 조절하는가? 그것이 바로 '전체'다.

우리는 '전체'의 자세한 내용은 알지 못한다. 예를 들어 지구의 기후 체계에 관해 모두 안다면, 먼 미래의 날씨를 정확히 예측할 수 있을 것이다. 그러나 이렇게 하기 위해서 모든 상세한 것들, 즉 각각 원자의 위치와 움직임까지 알아야만 한다. 물론 당연히 우리는 그렇게 할 수 없다. 지구의 기후와 같은 자연의 체계는 의도 없는 '전체' 아래 있으며 앞으로도 언제나 그럴 것이다.

그러나 전체를 자세히는 알 수 없지만, 사실 우리는 이미 전체 자체를 알고 있다. '스스로 그러함'인 실재에 애매모호한 것은 전혀 없다. 그것은 언제나 실재하며, 분명하고 확실하다. 무엇을 해석하여 보려하고, 전체와 만나려 애쓰는 대신 오히려, 우리의 마음이 어디로 기우는지 또는 아닌지를 알아차리는 일이 중요하다.

그러나 당신의 마음이(무언가를 향하거나 무언가를 회피함으로써) 치우침에 사로잡혀 있음을 알아차린다고 해서 그 마음이 한쪽으로 기울지 않게 하려고 노력하지는 마라. 앞서 살펴본 것처럼 치우친 마음을 치우치지 않게 하려고 노력하는 것이 결국 또 다른 형태의 치우침일 뿐이다('나는 정말 마음이 한쪽으로 치우치지 않기를 원해'라는 식이다). 그저 언제 당신의 마음이 기우는지를 자각하고, 마음의 기울임이 무엇인지를 알아채라. 이 순간에 주의를 기울이고자 한다면 마음의 치우침이 절로 줄어들 것이다.

나뭇잎이 땅에 사뿐히 떨어지듯이 당신의 마음도 가장 자연스러운 방식으로 바르게 세워질 것이며, 온전한 마음 자체와 일치하게 되는데 그것이 바로 전체이다.

본다는 것이 행하지 않음을 의미하는 것은 아니다. 사람들은 흔히 이것을 오해한다. 행하느냐 하지 않느냐 하는 것은 문제가 안 된다. 문제는 우리가 깨어 있느냐 아니냐 하는 것이다.

우리가 해야만 하는 바는 매순간 무엇이 일어나고 있는지 보는 것이고, 우리가 생각한 것이 아니라 보는 것에 행동의 근거를 두어야 한다.

황포(Huang Po) 선사는 다음과 같이 말했다.

> 어리석은 자는 그들이 보는 것을 거부하고 그들이 생각하는 것을 따르며, 현명한 자는 그들이 생각하는 것은 거부하고 그들이 보는 것을 따른다.

무엇이 일어나고 있는지 실제로 볼 수 있을 때, 사물의 자연적 질서(어떻게 이들이 상호 연결되어 있는지, 그리고 어떻게 서로 영향을 미치는지)를 볼 수 있을 때, 우리는 비로소 실재를 무시하며 행동하는 짓을 멈추게 될 것이다.

당신 자신을 잊어버려라. 마음이 어떻게 기울고 있는지를 보라. 우리를 지탱해주는 것은 이미 제자리에 있다. 단지 고통스런 무지 속에 사는 것을 그만 둘 필요가 있다.

마음이 어느 한쪽으로 기울어져 있지 않은지 알아차리는 일부터 시작하라. 편애하고, 이해타산에 집착하고 있는지, 어떤 결과를 이루려고 애쓰고 있는지, 혹은 어떤 것을 없애려고 노력하고 있는지 등을.

마음의 자유는 옳은 일을 하고자 노력하거나 선을 행하고자 하는 바람에 따라 행동함으로써 오는 것이 아니다. 그것은 다만 두카로 가는 또 다른 길일 뿐이다. 대신 우리의 행위는 오직 깨어 있고자 하는 바람에서 비롯해야 한다.

우리의 삶은 고장난 바퀴처럼 편안하지 않다. 저 너머에 내가 얻어야 할 무언가가 있다. 그리고 저 너머에 내가 멀리해야 할 무언가가 있다. 우리 외부에 있는 무엇에 대한 이러한 욕구, 치우침, 갈망, 이것이 바로 굴레다. 그것은 자신을 다른 것으로부터 분리된 실재적인 것으로 보는 잘못된 시각에서 비롯된 것이다. 따라서 우리가 삶에서 가질 수 있는 유일한 선택은, 깨어 있을 것인가 혹은 깨어 있지 않을 것인가이다.

우리가 할 일은 세상사가 언제 어디서 무의미해지는지, 언제 일이 뒤엉켜버리는지, 어디서 삶이 철저히 당혹스러워지는지를 보는 것이다. 우리는 마음속에 얼마나 큰 아픔을 지니고 있는 지를 그리고, 우리가 알지 못하는 것이 무엇인지를 자각 하여야 한다. 우리는 자신의 무지와 혼란을 보아야 한다.

궁극적으로 우리를 만족시켜주는 것은 저 너머에 없다. 반 드시 획득해야 하거나 물리쳐야 하는 것도 저 너머에 없다. 사 실, 저 너머에 라고 부를 만한 어떤 것도 없다. 또한 마음으로 들어오고 나가는 것도 아무것도 없다.

일단 기울어진 마음 안에서 일이 일어나고 있다는 사실을 내 가 깨닫기만 하면, 우리는 이제 더 이상 무지 속에서 커다란 매 력을 지녔던 것을 갈망하지 않을 것이다. 타오르는 불 속에 손 을 넣지 않는 것처럼 자연스럽고 편안하게 자신을 두카에 빠지 게 하는 일은 없을 것이다. 더 이상 우리가 고통스러워지는 일 은 없을 것이다.

마음이 기울지 않을 때, 그것이 다름 아닌 '완전한 마음' 이다.

직접 경험을 따르며, 명상으로 마음을 가꾸도록 한다.

자신의 마음 작용과 치우침을 주시한다.

고통이 줄어들며, 궁극적으로 진정한 자유를 알게될 것이다.

지혜의 눈을 뜨라.

그리하여 "그냥 완전한 마음을 바라보자."

자신의 등불이 되자

붓다는 열반이 가까워지자, 주위에 모인 사람들에게 이렇게 말했다.

너 자신의 등불이 되어라
자기 이외의 것에 의지하지 마라
진리를 단단히 붙들고
너 자신 외의 그 누구에게서도 피난처를 찾지 마라

우리는 어떤 책이나 가르침에서 마음을 채워줄 만한 답을 찾을 수 없을 것이다. 심지어 붓다의 가르침에서도 해답을 찾지 못할 것이다.

붓다나 존경받는 선사, 라마, 사제나 수도승 또는 수녀, 스승,

어떠한 권위자들에게서도 진리를 얻지 못할 것이다. 진리(마음 속 깊은 아픔을 잠재워줄 그 무엇)를 그 누구에게서도 찾지 못할 것이다.

진리를 보는 유일한 길은, 당신의 마음이 기우는지를 알아차림으로써 가능하다.

만약 우리의 마음이 한쪽으로 기울고 있다면, 그것은 자신으로부터 따로 떨어진 저 너머의 무언가를 찾고 있기 때문이며 마음은 생각과 상상의 혼란에 빠지면서 실재에서 멀어진다.

우리의 마음이 지금 무엇을 하고 있는지를 주시한다. 그렇다고 해서 이를 위해 무엇을 찾을 필요는 없다. 우리는 이미 완전히 갖추고 있다.

어딘가로 갈 필요도 없고, 특별한 무엇을 할 필요도 없다. 단순히 자신의 마음을 그저 살펴 보아라. 그것이 전부다.

깨어있음이 깨어있으려는 마음을 붙드려는것이 아니다. 우리는 깨어있음을 연습할 수 없다.

그리고 깨어있는 체하거나 흉내낼 수도 없다. 실제로 깨어있기를 원해야 한다.

믿을 수 있는 단 하나는 바로 자신이다.

우리는 다른 누구에게 의지하는 존재가 아니다.

필요로 하는 모든 것은 지금 바로 여기에 있다.

단지 스스로 그러함, 그냥 바로 앞의 직접 경험에 따르라.
자신이 궁극의 권위다.
깨어있는지 아닌지는 오로지 우리 자신에게 달려 있다.

부록

연기
(더불어 생겨남)

열두 고리의 연결된 사슬을 통해 무지와 의도가 어떻게 두카와 결합되어 있는가를 보여주는 붓다의 가르침을 12연기(Dependent Arising)라고 한다. 붓다는 말했다.

무지에 의해 의도(치우침)가 생겨나고, 의도에 의해 의식이 생기고, 의식에 의해 몸과 마음이 생기고, 몸과 마음에 의해 여섯가지 감각이 생기고, 감각에 의해 접촉〔觸〕이 생기고, 접촉에 의해 느낌〔受〕이 생기고, 느낌에 의해 갈애〔愛〕가 생기고, 갈애에 의해 집착〔取〕이 생기고, 집착에 의해 존재〔有〕가 생기고, 존재에 의해 태어남〔生〕이 생기고, 태어남에 의해 늙고 죽음〔老死〕·슬픔·고통·절망이 생긴다. 이와 같이 고통의 전부가 생겨난다.

그리고 무지가 사라지면 의도가 사라지고, 의도가 사라지면 의식이 사라지고, 의식이 사라지면 몸과 마음이 사라지고, 몸과 마음이 사라지면 감각이 사라지고, 감각이 사라지면 접촉이 사라지며, 접촉이 사라지면 느낌이 사라지고, 느낌이 사라지면 갈애가 사라지고, 갈애가 사라지면 집착이 사라지고, 집착이 사라지면 존재가 사라지고, 존재가 사라지면 태어남이 사라지고, 태어남이 사라지면 늙음과 죽음·슬픔·고통·절망이 사라진다. 이와 같이 고통의 전부가 사라진다.

붓다는 연기를 번뇌와 해탈이란 말로 표현했다. 번뇌는 연기의 어느 고리(또한 사슬 전체)를 붙들고 있는 것이다. 해탈이란 연기에서 벗어나는 것이며, 이렇게 벗어나는 것은 바로 실재를 '봄'으로써 가능한 것이다.

이 가르침에서 붓다는 우리의 실제 경험이 무엇인가를 지적하고 있다. 일체 만물은 다른 사물과 더불어 또는 다른 사물에 기대어 생겨난다는 것이다. 우리가 경험하는 모든 것은 서로서로 의존하고 있으며, 연관지어져 나타난다.

붓다의 가르침을 문자 그대로 풀이하면, '이것이 생겨남으로써 저것이 생겨난다' 이다. 즉 붓다는 사물을 결코 어떤 고정된 시각으로 보지 않는다. 고정되게 사물을 보는 방식은 우리의 고통이 시작되는 착각이 되기 때문이다. 붓다는 사물을 다른 사물과 연관하여 '이 순간'에 있게 됨으로 보았다. 해가 떠오를 때 우리는 햇빛을 받는다. 붓다는 한걸음 더 나아가, 이 두 가지가 언제나 함께 있음을 우리에게 일깨운다. 해의 떠오름과 햇빛은 둘이 아니라 떨어질 수 없이 함께 연관되어 있다.

그러나 매일의 일상 속에서, 모든 것은 밀접하게 연관되어 생겨난다는 사실이 우리에게 그렇게 분명히 여겨지지 않는다. 이 무지는 우리를 멍에에 매이게 한다.

붓다가 말한 12연기는, 마치 첫째 고리가 둘째 고리로, 다음은 그 다음으로 계속 이어지는 것처럼, 시간과 공간을 통하여 이뤄지는 연속 과정이 아니다. 오히려 이 고리 가운데 어느 하나를 집어들면 고리 전체를 한꺼번에(시간적 연속성이 아니라) 집는 것과 같다.

뒤에서 연기는 하나의 일직선상에서 첫째 고리에서 열두 번째 고리까지 진행되는 것으로 묘사되고 있다. 그러나 그것은 독자들이 쉽게 이해하게 하기 위해 그렇게 나타내었을 뿐이다. 더 정확하게 표현하려면 시계판 위의 숫자들처럼, 하나의 원 안에 열두 가지 고리를 둥글게 배열해야 할 것이다.

자세히 살펴보자. 첫 번째 고리인 무지에서부터 시작한다. 무지는 모든 것을, 심지어 빛까지도 그 속으로 빨아들이는 블랙홀과 같다. 따라서 우리는 적어도 직접으로 그것을 볼 수 없다.

무지의 특성 가운데 하나는, 우리가 스스로의 무지를 모르고 있다는 것이다. 이것은 상황을 더 절망적으로 전개되게 한다.

무지에는 맹목과 자기기만이라는 두 가지 종류가 있다. 맹목은, 존재의 기본적 본질(어디에도 영원한 것은 없다〔無常〕는 것, 존재에는 두카가 따른다는 것, 자아라고 부를 만한 것이 없다〔無我〕는 것)에 대한 무지를 말한다(붓다는 이것을 '존재의 세 가지 특성〔三法印〕' 이라고 하였다).

　자기기만은 사물이 무엇인지 지식에 의해 알 수 있다는 우리의 믿음을 말한다. "오! 저것은 물이다. 물은 수소와 산소의 결합이다"라고 우리는 말한다. 그러면서 이 순간의 실제 경험은 놓쳐버린다. (그러나 만약 진실로 물이 무엇인지를 알고자 한다면, 그냥 물을 마셔 보거나 빗속을 걸어 보거나 물 속으로 헤엄쳐보라.)

　간단히 말해, 우리는 이 순간을 잘못 알고 있다. 황포(Huang Po) 선사가 말했듯이, 우리는 무지 속에서 우리가 생각하는 것을 따르면서 실제의 경험은 부정한다. 따라서 우리는 자신이 만든 생각 속에서 하나의 자아를 상정하고, 어디에도 없는 영원성을 찾는다. 그대신 만약 이 순간에 주의를 기울인다면 실제로 아무것도 분리된 개체로서 생겨나고 지속하며, 사라지는 것이 있지 않음을 알게 될 것이다. 이것이 바로 우리가 진실로 알 수 있는 것이다. 그러나 우리는 이를 무시하고, 그 결과 고통을 겪게 된다.

　이 순간은 그 자체로 완전하다. 이 순간에 부족한 것은 아무것도 없다. 이 순간을 있는 그대로 '본다면', 모든 시간과 공간 모두는 지금 여기에 지나지 않음을 알게될 것이다.

　이런 사실(우리의 실제 경험)을 무시함으로써 마음은 '전체'의 조화 속에서 고요히 쉬지 않고 치우치기 시작한다. 붓다는 이것을 마음의 편향성 또는 의도라고 불렀다. 이것이 연기에서 두 번째 고리를 이룬다. 그런 마음에서 나오는 행위는 모두 의도가 들어있다.[1]

우리는 일상적으로 자신의 의도가 든 치우친 마음에서 행동한다. '전체' 로부터 행하는 자연은 그렇지 않다. 흔히 우리는 사물을 '저 너머' 에 있는 것으로 보며, 따라서 마음은 분별과 나뉨으로 특징지어진다.

그러나 '전체' 는 이와 다르게 작용한다. 거기엔 '마음' 이 치우칠 '저 밖에' 아무것도 있지 않다. 따라서 전체적이고 자연스러운 마음에 의해 생겨난 행위는 본질적으로 인간의 의지적 행위와는 근본적으로 다르다.

자연은 어떠한 힘이나 의도 없이 '전체' 에 의해 움직인다. 수많은 변형을 거치면서, '전체' 는 시작도 끝도 없는 작용과 반작

1) 의도가 들어 있는 행동의 본질과 그것이 우리를 어떻게 두카에 매이게 하는지를 이해하기 위해서, 행위 혹은 일반적으로 움직임의 본성을 먼저 들여다보아야 한다. 공을 던지면, 어떤 다른 힘이 가해지지 않는 한 공은 멈추거나 방향을 바꾸지 않은 채, 같은 속도와 같은 방향으로 계속 움직일 것이다. 외계에 있다면 이는 더욱 분명하다. 지구상에서는 공은 땅에 떨어지고 구르다 멈출 것이다. 공에 중력의 힘이 가해지기 때문이다. 이것은 아주 단순한 물리학의 법칙이다.
그러나 공이 튀어 구르다 멈추는 것을 볼 때, 우리는 움직임이 끝난 것으로 생각하는 경향이 있다. 단지 공만 멈춘 것이다. 우리가 알고 있는 움직임은 전혀 끝난 것이 아니다. 공이 땅을 칠 때, 흙과 풀을 밀쳐 움직였고 그것은 움직임의 에너지를 열로 바꾼다. 공이 멈추었다 하더라도, 일단 공을 움직였던 에너지는 여전히 여기에 있으며 그것은 열로 바뀌며 흩어진다. 계속하여 흩어져 나가는 것이지, 사라지는 것이 아니다.

용으로 계속된다. 의도는 자연스러운 행위의 흐름 안으로 들어와 통제하려 한다. 이것이 두카의 근원이다.

무지로 인해 마음이 '저밖에' 무엇을 떠올릴 때 마음은 그쪽으로 치우치거나 반대로 그것을 피하기 위해 치우친다. 이러한 마음은 연기의 다음 고리인 분별을 필연적으로 끌어들인다. 이 세 번째 고리는 의식(consciousness)이다.

의식은 '실재'를 나눈다. 의식은 실재를 관념화하고 포장하며, 그 자체를 밝히려 한다. 그때 우리는 무지 속에서, 의식이 '저 너머'에 대해 잘 알고 있다고 여긴다.

불교에서 의식은, 때로 꽃이 만발한 나무 위의 원숭이로 묘사되곤 한다. '오! 난 이것을 가질 거야. 그리고 저것도.' 의식과 더불어 이것저것이, 그리고 또 다음 것이 저너머에 있게 된다. 그러면서 세상은 여러 가지 방식으로 계속 나뉘게 된다.

내가 말하고자 하는 것은, 에너지 혹은 움직임은 절대 멈추지 않는다는 것이다. 언제나, 수없이 형태를 바꾸면서 계속된다. 이것이 사물이 존재하는 방식이다. 아무것도 멈추지 않는다. 이것은 실재의 본성이다. 실제로 이것이 마음의 본성, 즉 온전하고 끝없는 움직임이다.

그러나 여기에 결정적인 점이 있다. 공을 던지면서, 우리는 우리가 움직임을 시작한 것으로 생각할지 모르나, 움직임의 시작 없는 선상에서 이는 단지 하나의 근거 없는 주장일 뿐이다. 예를 들어 떨어지는 공처럼, 일시적으로 분명해 보이는 에너지 혹은 움직임의 연속선이 명확한 시작을 갖고 있지 않다는 점을 이해하는 것이 중요하다. 분명한 것은, 언제 의도가 움직임의 연속선상에 들어오는가다. 깨어 있는 자에게 이는 질적인 변화며, 그 변화는 절대적이다. 그것이 붓다에 의해 정의된 멍에와 자유 간의 차이다. 그냥 놓아버려라. 의도가 있는 행위는 의도 없는 자연스런 행위와는 근본적으로 다르다.

일상적 시각으로는, 세상이 저너머 개개의 지속적인 것으로 여겨진다. 그리고 의식을 일종의 통합시키는 작용, 부분들을 연결짓는 것으로 여긴다. 이러한 견해로부터, 우리의 의식은 책장을 넘기면서 시각으로, 촉각으로, 심지어 청각으로 이 책을 받아들인다.

그러나 깨어있는 자에게 상황은 반대다. 실제로 경험되는 것은 언제나 이음없는 전체일 뿐이다. 의식은 그것을 나눌 뿐이다. 그리고 물론 가장 기본적 나눔은, '나'와 '그밖의 다른 모든 것들', 즉 자아와 타자로 나누는 것이다.

의식은 세상을 공간적으로뿐만 아니라 시간적으로도 나눈다. 그리하여 우리는 과거·현재·미래를, 또한 개개 대상의 영속성을 상상한다.

의식적인 경험은 영화와 아주 흡사하다. 그것은 단지 한 순간(정지된 한 순간)에 이은 또 하나의 다른 순간일 뿐이다. 그러나 이들이 아주 빠르게 계속되기 때문에, 변하지만 저 너머에 특별한, 지속되는 무엇이 있다는 모순된 믿음을 갖게 만든다. 이런 이유로 붓다는 이 고리를, 순간순간 다시 태어나 지속한다는 의미에서 '환생의식(rebirth consciousness)'이라 불렀다.

연기의 네 번째 고리인 몸과 마음 그리고 다섯 번째 항목인 여섯 가지 감각(六入)은, 우리 자신이 특별하고 영원한 존재라는 착각을 갖게 한다. 각자를 특별한 몸으로 여기며, 그리하여 이 몸은 특별한 의식을 지속하리라 여긴다. 그와 연관되는 기관과 감각들이 더불어 오게 된다. 붓다의 가르침에 의하면 감각에는 여섯 가지가 있다. 다섯 가지는 우리가 이미 익숙하게 알고 있는 감각들이며 나머지 하나는 마음이다. 각각의 감각은 감각기간과 짝을 이룬다. 눈은 시각, 귀는 청각, 코는 후각, 혀는 미각, 몸은 촉각, 마음은 생각과 짝을 이룬다.

우리가 대상을 저 너머에 있는 것으로 보는 한편 영속적인 몸과 마음은 '여기 안에' 있다고 상정하고, 그 후 일련의 감각기관들이 그 둘 사이를 이어주는 것으로 여긴다면, 우리는 외부 대상과 내 몸과 마음이 접촉 또는 연결된다고 착각하게 된다. 이것이 여섯 번째 고리다. 일상적인 우리의 잘못된 관점에서 자신이 '저 너머의' 세상과 연결되어 있다고 생각한다.

당나라 시대의 백장(Pai-Chang) 선사는 말했다.

당신의 감각과 바깥세상 간의 연결이 없다는 것을 깨닫는다면, 당신은 바로 그 자리에서 깨달음을 얻을 것이다.

연결 되어질 개별적인 것이 있지 않기에, 연결이란 있을 수 없다.

백장 선사가 말하고자 하는 바를 직접 경험할 수 있다. 이런 방식으로 '보는' 것이 바로 철저한 자유로움이다.

우리의 착각, 즉 외부의 대상과 연결되어 있다는 느낌 때문에 우리는 감정적으로 반응한다. 이것이 일곱 번째 고리인 느낌[受]이다.

느낌에 의해서 여덟 번째와 아홉 번째 고리인 갈망과 집착이 발생한다. 갈망은 '저 너머의' 어떤 대상을 붙잡아 가까이 두려 하고 또 어떤 것은 거리를 두거나 더 멀리 밀어내고자 하는 욕망이다. 이 욕망과 더불어 아홉 번째 고리인 집착이 따른다. 우리는 사랑하는 것은 붙잡으려 하고, 싫어하는 것은 멀리 하려 한다. 이 고리는 애착이라고도 한다.

집착에는 두 가지 형태가 있다. 첫째는, 감각 대상에 대한 집착이다. 당신은 '저 너머에' 욕망의 대상이 있다고 생각하고 거기에 매달린다. 집착의 두 번째 형태는, 믿음에 대한 강한 매달림이다. 붓다는 세 가지 종류의 믿음이 있음을 밝혔다. 첫째는, 모든 것을 옳게 하며 완전하게 만들어줄 '저 너머의' 어떤 것, 즉 천국 또는 극락에 대한 믿음이다. 그러나 '내가 죽은 후에는 그것으로 끝이다' 라는 허무적인 시각조차도 사실은 그러한 믿음을 향한 집착의 한 형태다. 존재의 의미를 찾는 것으로 어떠한 생각이나 견해에 대한 집착도 이 범주 안에 들어온다.

믿음의 두 번째 종류는, 의례나 의식이 우리를 고통·혼란·무지로부터 구해줄 수 있다는 믿음이다. 그러나 자유로움은, 예복을 입고 의식을 행함으로써 오는 것이 아니라, 바로 이 순간을 있는 그대로 '봄'으로써 가능하다.

우리가 매달리는 세 번째 믿음은 자아, 영속적 존재에 대한 믿음이다. 이것은 우리에게 가장 깊숙이 뿌리내린 믿음이며, 또한 가장 큰 고통의 근원이다.

이제 존재(영속성 혹은 실재)라는 열 번째 고리가 있다. 이는 다음에 무지로 연결될 것인데, 현실에는 아무것도 영속하는 것이 없기 때문이다. 그러나 존재와 더불어 열한 번째 고리인 태어남이 따르며, 태어남과 함께 열두 번째 고리인 죽음이 온다. 그리하여 우리가 맞는 커다란 문제인 태어남과 죽음은, 자아에 대한 집착에 연결되어 있다. 이것이 가장 널리 알려진 두카의 형태다.

그러나 두카가 우리를 꼼짝없이 붙잡아 두게 할 필요는 없다. 이 순간을 있는 그대로 보는 것이, 즉 모두는 유동적이며 어떤 것도 홀로 생겨나지도 죽지도 않는다는 것을 '봄'으로써 윤회의 사슬을 끊는 것이다.

12연기를 보는 두 가지 방식

1. 무지(ignorance)

번뇌의 방식 이 순간의 실재를 무시한다. 이 순간은 생겨나지도, 지속되지도, 사라지지도 않는다는 직접적인 지각에 대하여 맹목적이다.

해탈의 방식 이 순간의 실재를 본다. 이 순간은 생겨나지도, 지속되지도, 사라지지도 않는다는 것을 직접 알아차린다.

2. 의도(intention)

번뇌의 방식 무지에 의해 야기되는 마음의 불안정으로, 우리 마음을 한쪽으로 치우치게 한다. 그런 마음에 의해 만들어지는 모든 행위는 의도되어 있다.

해탈의 방식 마음의 대상에서 실체를 보지 않는다. 그리하여 마음이 어디로든 기울지 않는다. 그러한 마음에 의해 만들어지는 모든 행위는 의도됨이 없다.

3. 의식(consciousness)

 마음의 개개 대상을 분별 지으며, 이들을 매순 간 지속적으로 본다.

 모든 마음의 대상을 찰나의, 가정된 것으로 본다.

4. 몸과 마음(body & mind)

 명백하고 지속적인, 자아와 동일한 몸과 마음 이 의식을 유지하는 것으로 본다. 따라서 대상과 더불어 주체 가 구분된다.

 직관이 가능하고 명백하며, 지속적인 마음의 대상은 있지 않기에, 영속적인 마음 혹은 몸을 주체로 보지 않는다.

5. 여섯가지 감각(Six senses)

 마음속 대상 세계를, 몸과 마음 밖 감각의 창 을 통하여 받아들이는 것으로 여긴다.

 감각을 마음 혼자만의 작용으로 '보는 것' 으

로, 마음의 대상이 결코 마음 밖에 있는 것이 아니라 언제나
마음 그 자체로 '본다'.

6. 접촉(contact)

번뇌의 방식　주체는 감각을 통하여 '저 너머의' 객관적 세
계와 관계한다고 여긴다.

해탈의 방식　감각과 마음 밖의 세상 간에 연결도 구분도 있
지 않음을 깨닫는다.

7. 느낌(feeling)

번뇌의 방식　마음의 대상에서 떨어져 있으면서, 감정적으
로 이들에 반응한다.

해탈의 방식　감정에 휘둘리지 않는다. 마음 밖에는 아무것
도 없다는 것을 알기에, 느낌은 언제나 편안하다.

8. 갈망(craving)

번뇌의 방식　마음의 대상은 주체인 '나'로부터 떨어진 별

개의 것으로 여기기 때문에, 욕망과 갈망을 경험하게 된다.

 원하는 것이 없다. 아무것도 '저 너머에' 있지 않음을 알기 때문에, 어느 것도 부족하다고 느끼지 않는다.

9. 집착(grasping)

 '저 너머에' 나타나는 것을 붙잡으려 한다. 이 순간이 없어지거나 혹은 계속되리라는 것은, 희망 없는 바람이다.

 모든 경험은 완전히 유동적이며, 따라서 붙잡아야 할, 소유해야 할, 또는 두려워할 만한 어떤 것도 없음을 '본다'.

10. 존재함(being)

 자아와 타자의 영속성(존재)을 믿는다.

 모두를 하나의 흐름으로 '본다'.

11. 태어남(birth)

 있는 모두는 태어난 것으로 믿는다.

 어느것도 태어난 것으로 보지 않는다.

12. 죽음 그리고 두카(death & duhkha)

 모든 존재는 죽게 된다고 믿는다.

 죽는 것은 아무 것도 없음을 본다.

간단 명료한 불교

재판 · 2009년 4월 15일 | 발행 · 2009년 4월 20일 | 지은이 · 스티브 하겐 | 옮긴이 · 이복희
펴낸이 · 김동금 | 펴낸곳 · 우리출판사 | 주소 · 서울특별시 서대문구 충정로3가 1-38호
전화 · (02) 313-5047 5056 | 팩스 · (02) 393-9696 | E-mail · woribook@chol.com
© 스티브 하겐 2008, Printed in Korea | 등록 · 제9-139호
ISBN 978-89-7561-270-1 03220
정가 10,000원

＊ 잘못 제작된 책은 교환해 드립니다.